영원한 현재의 철학

EBS 클래스ⓔ 인문

영원한 현재의 철학

21세기의 삶을 위한 소크라테스, 플라톤, 아리스토텔레스의 지혜

조대호 지음

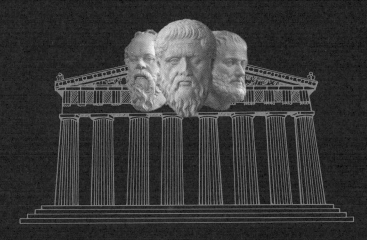

우리는 왜 아직도 소크라테스, 플라톤, 아리스토텔레스를 읽는가?

이 책을 읽는 분 가운데 소크라테스, 플라톤, 아리스토텔레스가 누군지 모르는 사람은 없을 듯합니다. 이들이 서로 스승과 제자 관계라는 것, 소크라테스가 독배를 마시고 죽었다는 것, 플라톤이 '아카데미아'라는 학교를 세웠다는 것, 아리스토텔레스가 모든 서양 학문의 기반을 다져놓았다는 것 정도는 모두 알고 계시겠지요. 많은 분이 이런 배경지식을 가지고 있다는 점은 이 철학자들의 생각을 더 자세히 소개하는 데 도움이 됩니다. 하지만 바로 그 점 때문에 어렵기도 합니다. 이미 알려진 것들이 고정관념으로 굳어져 있어서 그것들을 새롭게 풀어내고 거기서 현대적 의미를 찾아내는 일이 쉽지 않기 때문이지요. 이 책에서 저는 우리에게 알려진 상식들을 되새기면서 거기서 새로운 의미를 찾아내고자 합니다.

전체 흐름을 미리 훑어보는 뜻에서 먼저 세 철학자의 활동 연대를 한번 살펴볼까요? 세 철학자의 활동 시기를 따져보면 한 가지 흥미로운 사실을 발견하게 됩니다. 소크라테스와 플라톤 사이에, 플라톤과 아리스토텔레스 사이에 각각 43년의 시간 차이가 있다는 사실입니다. 소크라테스의 탄생에서 아리스토텔레스의 죽음까지 대략 150년의 시간이 걸렸습니다. 고대 철학 연구자들조차 이런 점에 특별히 주목하지 않지만 저는 그런 시간적 배경이 매우 중요하다고 생각합니다. 왜 그럴까요? 소크라테스, 플라톤, 아리스토텔레스가 스승과 제자의 관계에 있지만 완전히 '다른 세상'을 산 사람들이라는 것을 단적으로 보여주기 때문이지요. 우리는 소크라테스, 플라톤, 아리스토텔레스에 대해 한꺼번에 이야기하는 데 익숙하지만 실상 이 세 사람은 전혀 다른 시대에 다른 생각을 가지고 살았던 철학자들입니다.

소크라테스(기원전 470~399)가 태어나기 10년 전 그리스는 페르시아 제국과 전쟁을 치러 승리를 거뒀습니다. 승리의 영광은 50년 정도 지속됐지만 펠로폰네소스 전쟁(기원전 431~404)이 발발하면서 빛을 잃었습니다. 동방의 제국에 맞서 싸우는 데 앞장섰던 아테나이와 스파르타를 주축으로 그리스의 도시국가들은 두 편으로 갈라져 내전에 휘말렸습니다. 이 전쟁이 27년 동안 지속되면서 그리스는 쑥대밭이 되었지요. 소크라테스는 그리스의 번영과 쇠퇴를 목격하면서 그 시대의 사회적·정신적 혼란에 대해 고민했던 철학자입니다. 플라톤(기원전 427~347)은 펠로폰네소스 전쟁이 발발하고 몇 년이 지난 뒤 태어났습니다. 전쟁과 내분의 혼란 한복판에 던져졌다고 해도 지나친 말이 아닙니다. 그래서 그의 삶은 스승의 삶보다 더 암울했습니다. 몰락하는 아테나이 사회를 바라볼 수밖에 없는 운명이었죠. 플라톤은 절망의 현실을 마주해서 보이지 않는 세계를 꿈꾼 철학자입니다.

아리스토텔레스의 삶은 또 다릅니다. 그는 오랜 기간 이어진 도시국가 중심의 그리스 사회가 해체되어 '제국'으로 넘어가던 시대를 살았습니다. 그의 제자 알렉산드로스 대왕이 바로 제국의 건설자였죠. 하지만 아리스토텔레스에게는 어떤 현실 참여의 길도 열려 있지 않았습니다. 그는 고향을 떠난 이방인의 삶을 살았으니까요. 이 점은 아리스토텔레스가 소크라테스나 플라톤이 걸었던 철학과는 전혀 다른 길을 걷게 된 배경이 되었습니다. 그는 현실과 거리를 두면서 자연과 인간을 관찰하는 관찰자의 삶을 살았습니다. 한마디로 말해서 소크라테스, 플라톤, 아리스토텔레스는 '다른 세상'을 경험하며 '다른 철학'을 했던 사람들입니다.

저는 글을 시작하면서 세 철학자가 다른 세상을 살았다는 사실을 강조하고 싶습니다. 그들의 철학에는 '인간 사회의 영광과 쇠퇴, 그리고 해체의 경험'이 집약되어 있기 때문입니다. 바로 이 점이 그들의 철학이 지금까지 의미를 가지는 한 가지 중요한 이유라고 생각합니다. 영광의 시대에도, 쇠퇴의 시대에도, 해체의 시대에도 이 철학자들의 생각에 귀를 기울일 필요가 있다는 뜻입니다. 우리 자신이 소크라테스, 플라톤, 아리스토텔레스가 아니더라도 그들의 철학에는 영광과 쇠퇴와 해체의 현실 속에서 우리가 취할 수 있는 삶의 길들이 제시되어 있습니다.

지금부터 그 길을 따라 여행을 떠나볼까요?

CONTENTS

아리스토텔레스, 행복을 탐구하다
즐거움을 넘어서 참된 행복으로 이끄는 실천적 지혜

1

― 소크라테스, 인간의 삶에 대해 묻다 ―

Socrates

BC 470 ~ BC 399

사람다운 삶을 찾는
일상의 대화

1장

아고라의 목소리

소크라테스가 한 일이 무엇인지에 대한 이야기부터 해보겠습니다. 먼저 소크라테스와 운명처럼 얽혀 있는 한 장소에서부터 시작해 볼까요? 아테네의 아고라(agora)가 바로 그곳입니다.

아테네 아고라는 그리스 여행의 필수 코스입니다. 독자 여러분 중에도 아고라를 방문한 적이 있는 경우가 있을 겁니다. 주로 여름에 여행객들이 그리스, 아테네로 몰려듭니다. 아테네의 여름은 아주 뜨겁습니다. 햇살도 뜨겁고 사람들도 뜨겁고……. 그런데 뙤약볕에 서서 입장권을 구해 아고라에 들어서는 순간 기대는 실망으로 바뀌고 맙니다. 대략 축구장 두 개 정도 크기의 공터에 온통 깨진 돌덩어리뿐이니까요. 먼지가 풀풀 나고 주변의 올리브나무들은 그 먼지를 허옇게

고대 그리스의 도시국가에서 아크로폴리스는 방어를 위한 요새였고, 아고라는 물건을 사고팔며 의견을 나누는 공론장이었다. 폐허로 남은 아테네의 아고라 남동쪽으로 아크로폴리스도 보인다. 이 아고라에서 사람들을 찾아다니며 그들을 상대로 '묻고 따지고 시험하는 것'이 소크라테스의 철학이었다.

영원한 현재의 철학

뒤집어쓴 채 서 있습니다. 하지만 소크라테스가 살았던 기원전 5세기의 아고라는 달랐습니다. 아고라는 번성한 도시국가의 심장부였습니다. 당시 아테나이는 1000개에 육박하는 그리스 도시국가 가운데 가장 부강한 나라였고 그 중심에 아고라가 있었습니다. 신전과 재단, 회의장과 재판정, 군사령부와 조폐소 등이 모두 아고라 주변에 밀집해 있었습니다. 그래서 아고라는 단순히 물건을 거래하는 시장이 아니라 의견을 주고받는 민주정의 공론장이었습니다. 바로 이 아고라에 특이한 모습을 한 사람이 나타났습니다. 소크라테스였습니다.

소통하는 맨발의 철학자

소크라테스는 아고라의 터줏대감이었습니다. 툭 튀어나온 이마, 콧대가 우묵한 안장코, 넙치 같은 얼굴, 대머리 등 남다른 외모가 사람들의 눈길을 끌었습니다. 게다가 그는 항상 맨발이었습니다. 하지만 소크라테스가 사람들의 눈길을 끈 이유는 그런 외모가 아니라 대화의 기술 때문이었습니다. 그의 대화는 아주 친숙한 것에서 시작합니다. 석공일, 구두 수선, 말 조련 등 일상의 사례에서 출발하는데, 이런 대화는 어느 순간 경건, 우정, 용기, 절제, 정의 등으로 발전하게 됩니다. 그는 칼, 가위, 술병, 장신구 등 가재도구의 이름을 대면서 '이것을 어디서 구하지?'라고 묻다가 느닷없이 '그럼 용감하고 덕이 있는 사람은 어디서 구할 수 있을까?'라고 질문을 던져 사람들을 당혹스럽게 만들었습니다. 소크라테스의 말은 긴 연설도, 장황한 강의도 아니었습니다. 물론 강의료도, 상담료도 받지 않았습니다. 사람들의 생각을 묻고 따지다가 조롱과 주먹다짐을 피하면 다행이었죠. 소크라테스는 왜 그렇게 사서 고생을 했을까요?

지혜의 대결, 질문의 힘

『소크라테스의 변론』에 이 질문에 대한 대답이 나와 있습니다. 이 책은 소크라테스의 법정 연설을 기록한 글입니다. 영어 제목은 'Socrates' Apology'이죠. 『소크라테스의 변명』이라는 제목의 번역서들도 있지만, 'apologia'는 본래 법정에서 피고가 자신의 행동을 변호하는 연설을 뜻합니다. '고발'을 뜻하는 'katēgoria'에 반대되는 낱말이지요. 그래서 『소크라테스의 변론』이 더 적합하다고 볼 수 있겠습니다. 이 책은 소크라테스의 법정 연설을 기록한 글이지만 소크라테스 자신이 쓴 글은 아닙니다. 여러분도 잘 아시겠지만 소크라테스는 책을 전혀 쓰지 않았으니까요. 그렇지만 스승이 죽은 뒤 그의 제자 플라톤이 스승을 기억하는 글을 많이 남겼기 때문에 우리는 지금도 그 글을 통해 소크라테스에 대해서 많은 것을 알고 있죠. 이 책은 소크라테스가 주인공으로 등장해서 대화를 이끌어가기 때문에 보통 '대화 편'이라고 불립니다. 그 안에는 피고인 소크라테스가 자신을 고발한 '멜레토스'를 배심원들 앞에 불러내 그를 추궁하는 장면이 나옵니다.

『소크라테스의 변론』에 기록된 소크라테스의 이야기에 따르면 그에게는 신에게서 받은 소명이 있었습니다. 이 신은 바로 델포이 신탁의 신 아폴론이었습니다. 자세한 이야기는 이렇습니다. 소크라테스 주변에는 카이레폰이라는 친구가 있었습니다. 그는 아테나이에 떠돌던 소문에 흥미를 느꼈습니다. 소크라테스가 아테나이인 중에서 가장 지혜롭다는 소문이었습니다. 카이레폰은 이 소문의 진실 여부를 알고 싶었습니다. '지혜를 사랑하는 나라인 아테나이에서 소크라테스가 가장 지혜롭다고?' 카이레폰은 아폴론 신전의 신탁소에 소문의 진위를 문의하게 됩니다.

당시 그리스인들의 관습에 비추어보면 카이레폰의 행동은 유별난 것이 아니었습니다. 그리스인들은 사적인 일에서나 공적인 일에서나 어떤 중요한 결정을 내리기 위해 신탁에 조회하곤 했기 때문이지요. 예를 들어 '친구에게 돈을 꾸어주는 것이 좋을까?', '올해는 결혼을 해야 될까?' 등 일상생활의 자질구레한 일까지 그리스인에게는 신탁에 조회할 수 있는 사안이었던 것이죠. 고민거리가 있을 때 우리가 점쟁이를 찾는 것과 크게 다르지 않습니다. 카이레폰이 얻은 아폴론의 신탁은 어떤 것이었을까요? '소크라테스보다 더 지혜로운 사람이 있는가?'라는 물음에 대한 신탁의 대답은 "아무도 더 지혜롭지 않다."(『변론』, 21a)*라는 것이었습니다. 카이레폰을 통해서 이 소식이 소크라테스에게 전해졌습니다. 그에게 카이레폰의 이야기는 반가운 소식이었을까요? 아닙니다. 그에게는 신탁이 반가운 소식이 아니라 버거운 소식이었습니다. 왜냐하면 그는 자기가 아무것도 알지 못한다고 생각하고 있었기 때문입니다. "신은 도대체 무슨 뜻으로 내가 가장 지혜로운 자라고 말하는 것일까?"(『변론』, 21b)** 소크라테스는 고민에 빠졌습니다. 그리고 곧바로 신탁의 진실성을 검증하는 일에 착수했습니다.

그 방법은 지혜롭다고 알려진 주변 사람들과 만나서 지혜의 대결을 펼치는 것이었습니다. 이 대결을 통해 자신의 무지를 폭로하고 다른 사람들의 지혜를 드러냄으로써 아폴론의 신탁이 참이 아니라는 사실을 보이겠다는 것이 소크라테스의 야무진 결심이었습니다. 그의 결심은 신탁의 뜻을 풀어내겠다는 의지인 동시에 신탁의 진실에 대한 도전이기도 했습니다. 소크라테스의 '소크라테스다움'이 드러나는 대목

●　숫자 '21a'는 1578년 스테파누스가 편집한 플라톤 전집의 페이지 넘버이다. 모든 플라톤 인용에는 이 페이지 번호가 사용되기 때문에 본문의 인용문에서도 이 숫자를 밝혔다. 겹따옴표 안의 직접 인용은 저자가 그리스어 원전에서 직접 번역한 것이다. 독자의 편의를 위해 각주에 대표적인 번역서와 쪽수를 함께 소개한다. 플라톤, 『에우티프론, 소크라테스의 변론, 크리톤, 파이돈』, 박종현 역주, 서광사 2003, 116쪽 참조. 이후 『변론』으로 줄여 인용한다.

●●　박종현 역주, 『변론』, 116쪽 참조.

입니다.

이런 결심을 하고서 소크라테스는 여러 부류의 사람을 찾아다녔습니다. 그가 가장 먼저 찾아간 사람은 정치가였습니다. 정치가는 연설의 능력을 발휘해서 많은 사람을 자기 주변으로 끌어모으기 때문에 그런 광경을 본 사람들이나 소크라테스에게는 정치가가 지혜로운 사람으로 여겨졌겠지요. 하지만 정치가들은 소크라테스에게 가장 큰 실망을 안겨준 사람이었습니다. 그는 어떤 정치가와 대화를 나눈 결과를 두고 이렇게 말합니다. "다른 많은 사람이 정치가를 지혜롭다고 여기고 무엇보다 자기 스스로도 그렇게 여기지만 사실은 전혀 그렇지 않다."(『변론』, 21c)• 지금은 달라졌을까요?

그다음 소크라테스는 시인을 찾아갑니다. 지금으로 따지면 작가, 예술가, 영화감독 들이 소크라테스의 시험 대상이 된 것입니다. 그런데 이들도 정치가들 못지않게 소크라테스에게 실망을 안겨주었습니다. 그들과의 대화를 통해 소크라테스가 도달한 결론은 정치가와의 만남을 통해 얻은 것과 크게 다르지 않았으니까요. 시인이나 소설가 들은 작품 속에서 현실을 아주 그럴듯하게 묘사합니다. 하지만 막상 그 현실에 대해 캐물으면 대답을 하지 못하죠. 당연합니다. 예술가들이 그려낸 작품 속의 현실이 그럴듯한 이유는 그들이

•   박종현 역주, 『변론』, 117쪽 참조.

그 속사정에 대해 자세히 알아서가 아니라 보거나 읽는 사람들에게 그럴듯해 보이도록 만드는 능력 때문이니까요. 그래서 소크라테스는 시인과의 대화 결과 이런 결론에 도달합니다. "이들 또한 많은 아름다운 것을 말하지만 자신들이 말하는 것에 대해서 아무것도 알지 못한다."(『변론』, 22c)• 그럴듯한 것과 진리는 다릅니다. 상상 속에서 현실을 그럴듯하게 그려내는 능력이 곧 현실 세계를 사는 지혜와 같을 수는 없겠죠. 소크라테스는 시인과의 대화를 통해 바로 이 사실을 확인했던 겁니다.

지혜를 겨룰 사람들은 또 누가 남아 있을까요? 소크라테스가 찾은 세 번째 사람들은 기술자, 장인입니다. '지혜'를 가리키는 그리스어 'sophia'는 본래 기술자의 제작 능력을 가리킵니다. 그러니 기술자의 능력은 지혜의 대명사인 셈이지요. 게다가 그 시대는 아테나이를 부강하고 화려하게 만드는 기술자, 건축가, 조각가의 지혜가 빛나는 시절이었습니다. 페르시아 전쟁의 승리 이후 아테나이가 진흙의 도시에서 대리석과 황금의 도시로 다시 태어나던 때였으니까요. 소크라테스에게도 이 기술자들은 가장 후한 평가를 얻습니다. 스티브 잡스도 죽기 전에 "소크라테스와 오후 한때를 보낼 수 있다면 내 기술을 전부 내놓겠다."라고 말했다고 합니

•   박종현 역주, 『변론』, 121쪽 참조.

다. 스티브 잡스가 소크라테스와 만났다면 무슨 대화를 주고받았을까요? 아마도 소크라테스가 실제로 아고라에서 장인과 만나 나누었던 대화와 비슷한 방향으로 이야기가 진행되었을 것입니다. 소크라테스는 장인들과의 대화를 통해 "이들은 내가 알지 못하는 것들을 알았고 이 점에서 나보다 지혜롭다."(『변론』, 22d)●라는 사실을 확인했습니다. 그럼에도 불구하고 장인들 역시 신탁의 진실을 반박할 만큼 지혜롭지는 않았습니다. 이들에게도 소크라테스를 실망시킨 점이 있었습니다. 소크라테스에 따르면 기술자들은 저마다 자기 기술을 훌륭하게 발휘할 수 있다고 믿어서 '가장 중대한 다른 일들'에서도 자신이 가장 지혜롭다고 여겼습니다. 기술자들은 자신이 가진 기술적인 능력으로 인생사의 중대한 문제를 판단하고 해결할 수 있다는 착각에 사로잡혀 있었던 것이죠. 스티브 잡스와 만났다면 소크라테스의 이런 평가가 달라졌을까요?

"그러나 아테나이인 여러분! 제게는 훌륭한 장인 또한 시인이 범한 잘못을 그대로 범하고 있는 것으로 보였습니다. 이들은 기술을 훌륭하게 발휘한다는 이유를 들어 가장 중대한 다른 일들에서도 자신이 가장 지혜롭다고 생각했습니다. 제게

● 박종현 역주, 『변론』, 122쪽 참조.

는 이런 과오가 그들이 가진 지혜까지 가리는 것으로 보였습니다."(『변론』, 22d)•

소크라테스의 지적인 편력의 결과는 우리가 쉽게 예상할 수 있는 것이었습니다. 그를 향한 증오와 비방이 넘쳐났지요. 하지만 소크라테스가 얻은 값진 소득도 있었습니다. 지혜롭다고 소문난 사람들의 '무지'를 확인했으니까요. 또 신탁의 말대로 소크라테스 자신이 '가장 지혜로운 자'라는 사실을 알 수 있었습니다. 이로부터 '인간적인 지혜의 무가치함'도 함께 확인할 수 있었죠. 당연합니다. 모든 사람 가운데 소크라테스가 가장 지혜롭다는 것이 증명되었습니다. 그런데 소크라테스 자신은 아무것도 모른다는 것을 압니다. 그러니 모든 사람이 아는 것은 아무것도 아니라는 결론이 나올 수밖에 없지요.

현실적 권력에 대한 도전

소크라테스가 자신을 향해 쏟아지는 증오와 비방을 무릅쓰고 당대의 대중을 사로잡던 정치가, 시인, 기술자와 지혜의 대결을 펼친 이유는 무엇일까요?

• 박종현 역주, 『변론』, 122쪽.

그들의 지혜가 그 시대 사람들의 정신세계와 아테나이 사회를 지배하는 현실적인 권력이었기 때문은 아닐까요?

저는 신탁을 받은 뒤에 이루어진 소크라테스의 편력이 바로 그런 현실적인 권력에 대한 도전이었다고 생각합니다. 확실한 증거가 있습니다. 소크라테스의 시대에 정치가, 시인, 기술자가 아테나이 사회에서 누렸던 권력과 대중적 영향력의 흔적을 2400년이 지난 지금도 아테네 곳곳에서 확인할 수 있으니까요. 다음 세 곳의 장소가 대표적입니다.

첫 번째 장소는 프닉스(Pnyx)입니다. 프닉스 언덕은 아고라 서남쪽에 있는 3층 케이크 모양의 커다란 바위 언덕이죠. 기원전 507년 아테나이에서 민주정이 시작된 이래 민회*가 열린 곳입니다. 프닉스 언덕의 민회는 시민(18세 이상의 남자)이면 누구나 참여할 수 있었습니다. 그래서 민회가 있을 때는 수천 명이 이 프닉스 언덕에 올라서 국가의 중요한 문제에 대해 토론하고 결정을 내렸습니다. '프닉스'라는 이름도 '사람들이 빽빽이 들어서 있어 숨이 막힐 지경'이라는 뜻입니다.

프닉스 언덕의 민회는 연설의 경연장이었습니다. '누가 발언하고 싶은가요?' 사회자의 이 질문으로 민회가 시작됩니다. 민회에 참여하는 시민은 누구나 발언권이 있었습니다.

---

* '민회(ekklēsia)'는 아테나이 시민이 모두 참여할 수 있는 국가 최고 의결 기구였다. 매년 40회의 정규 회의 이외에 필요에 따라 열리기도 했다.

이런 '동등한 발언권(isēgoria)'이 아테나이 민주정의 핵심이었죠. 하지만 보통은 뛰어난 연설 능력을 가진 사람이 의견을 주도하기 마련입니다. 명망가 출신의 정치가들이 프닉스 언덕의 연설대에 올라 대중을 자기편으로 끌어들이려 했습니다. 연설은 설득을 위한 말이었고, 연설을 통해 대중을 사로잡는 사람들이 지혜로운 자로 여겨졌던 것은 더 말할 나위도 없습니다. 그래서 소크라테스 시대의 젊은이들은 사람들을 사로잡는 연설 기술을 배우기 위해 연설의 교사로 자처하는 소피스테스를 찾아가 비싼 수업료를 지불했습니다.

우리가 기억할 만한 두 번째 장소는 디오니소스(Dionysos) 극장입니다. 그리스인들은 축제를 벌이고 놀기 좋아했습니다. 그들은 일 년, 열두 달 빠지지 않고 축제를 열었습니다. 그리스에는 수없이 많은 신이 있잖아요? 그러니 이 신들을 기리는 축제도 많을 수밖에 없었겠지요. 축제에서는 신들을 섬기는 제의와 더불어 연극 공연도 이루어졌습니다. 특히 3월 말에서 4월 초에 열린 포도주의 신 디오니소스를 기리는 제의가 가장 유명했는데, 여기서는 무려 30편이 넘는 공연이 3~4일에 걸쳐 진행되었습니다.

특히 디오니소스 축제의 비극 공연은 대중을 신화적 상상 세계, 역사적 상상 세계로 끌어들이고 그들의 의식을 주조하는 공장이었습니다.* 이런 연극 공연은 아테나이인의 공동체 의식을 키우고 사회적 연대를 강화하는 중요한 수단이었습니다. 하지만 정치가에게는 대중을 동원하는 방법이기도 했죠. 지금이나 2400년 전이나 공연에는 돈이 많이 듭니다. 아테나이에서의 공연은 유력 인사가 기부한 기금으로 운영 되었습니다. 이런 방법으로 많은 정치가가 대중적인 지지를 얻으려고 했지요. 이렇게 정치적으로 조직화된 연극의 창작 자, 특히 비극작가들의 영향력은 막강했습니다. 아테나이 사 람들은 시인들이 지은 시구(詩句)나 작품 속에 남겨진 교훈을 암기하면서 그것을 자신들의 행동과 삶의 지표로 삼았습니 다. 그들이 대중 사이에서 '지혜로운 자들'로 여겨진 것은 당 연한 일입니다. 지금도 아테네에 가면 아테네 중심부를 관통 하는 대로변에 그 당시 활동했던 3대 비극작가의 흉상이 서 있습니다. 아테나이 비극의 전성기를 대표하는 아이스퀼로 스, 소포클레스, 에우리피데스의 흉상입니다.

　제가 소개하려는 세 번째 장소는 아크로폴리스(Acropolis)입 니다. 아크로폴리스는 아테네 방문자의 눈길을 한순간에 사 로잡는 장소입니다. 평지 한가운데 타원형의 바위 언덕이 파 란 하늘을 이고 불쑥 솟아 있습니다. 아크로폴리스의 중심부 에는 마치 바위 언덕과 한 몸을 이룬 듯 하얀 대리석의 파르 테논 신전이 서 있습니다. 지금은 지붕이 날아가고 장식품들 이 뜯겨나가 기둥만 남은 폐허이지만 당시에는 최고의 작품 이었습니다. 건축술과 조각술은 물론 각종 기하학적인 기술,

●　최혜영, 『그리스 비극 깊이 읽기』, 푸른역사 2018, 27~28쪽 참조.

심지어 광학 기술까지 동원된 그리스 문명 최고의 예술품이
었죠.

하지만 파르테논 신전이 중요한 이유는 건물 자체가 당대
기술과 예술의 탁월함을 구현하기 때문만은 아닙니다. 파르
테논 신전 안팎의 각종 공간에 새겨진 조각상이나 프리즈
등은 그리스인들의 상상 세계가 물질적으로 압축된 공간이
었습니다. 이 모든 것을 이루어낸 사람들이 바로 당대의 기
술자들입니다. 종교적, 문학적 상상과 기술적인 능력의 합작
품이 아크로폴리스와 파르테논 신전이었던 셈이지요. 그러
니 어떻게 사람들이 기술자들을 지혜로운 자로 여기지 않을
수 있었겠습니까? 아테나이 사람들은 지금 우리가 그렇듯이
'기술을 통해 할 수 없는 일은 아무것도 없다.'라고 생각했을
것으로 보입니다.

무지의 지가 최고의 지혜

기원전 5세기 아테나이 사회에서
정치가, 예술가, 기술자가 누렸던 권위를 생각해 보면 이들
에게 도전장을 내민 소크라테스의 시도가 얼마나 대담하고
심지어 무모한 것이었는지 쉽게 짐작할 수 있습니다. 하지만
신탁의 뜻을 알아내기 위한 소크라테스의 지적 편력은 헛된
일이 아니었죠. 자기보다 지혜로운 자들을 찾아나섰던 그의
행로는 개인적으로 깨달음을 안겨주었습니다. '지혜롭다고

자처하는 사람들이나 소크라테스 자신이나 실제로는 아무것도 아는 게 없지만 스스로 무지함을 알고 있다는 점에서, 즉 적어도 무지의 지(知)를 갖고 있다는 점에서 가장 지혜로운 자'라는 사실을 발견했던 것입니다.* 또 하나 중요한 것은 바로 이런 방식의 대화로 진행되는 소크라테스의 철학을 통해서 철학이 새로운 정체성을 획득하게 되었다는 사실입니다.

소크라테스 이전에도 철학은 있었습니다. 그가 태어나기 약 150년 전에 그리스 땅에서 '지혜에 대한 사랑(philosophia)', 즉 '철학'이 시작되었으니까요. 이 시기의 철학을 '자연철학'이라고 부르는데, 자연의 존재와 변화를 설명하는 것이 철학의 목적이었다는 점에서 오늘날의 자연과학에 가깝습니다. 소크라테스는 바로 철학의 본질을 자연에 대한 탐구에서 인간 삶에 대한 탐구로 바꿔놓은 사람입니다. 로마의 정치가이자 철학자였던 키케로는 이를 두고 이렇게 말했습니다.

"소크라테스는 처음으로 철학을 하늘로부터 끌어내려 도시로 가져다놓았으며 집안으로까지 들여놓았고 삶과 도덕과 좋은 일과 나쁜 일을 탐구하게 했다."**

철학은 정치처럼 권력이나 대중의 인기를 안겨주지 않습

* 「변론」, 23a~23b. 박종현 역주, 「변론」 123쪽 참조.
** 키케로, 「투스쿨룸 대화」, 김남우 옮김, 아카넷 2022, 307~308쪽에서 인용.

니다. 예술처럼 사람들에게 감동과 즐거움을 제공하지도 않죠. 철학은 기술처럼 무언가 유용한 것을 만들어서 삶을 편리하게 바꾸지 않습니다. 하지만 철학은 정치도, 예술도, 기술도 하지 않는 것을 합니다. 바로 '질문하는 일'입니다. 대중의 인기를 끄는 정치가 정말로 대중을 위해 좋은 정치인지, 예술이 제공하는 즐거움이나 감동이 혹시 사람들의 생각을 무디게 하고 판단력을 빼앗는 것은 아닌지, 기술 발전이 낳는 사회 문제와 환경 파괴 등을 우리가 방치하고 살아가는 것은 아닌지 등에 대해 질문하는 것이 철학입니다. 그리고 이런 질문을 통해 삶에 대한 반성과 성찰을 일깨우는 것이 바로 철학입니다. 그것이 소크라테스가 2400년 전 아고라에서 본보기를 보여준 철학이고 우리가 질문하는 삶을 통해 실천할 수 있는 철학입니다.

첫 강의에서는 신탁의 풀이로 시작된 소크라테스의 철학이 어떻게 '질문과 대화의 철학'을 낳고 새로운 정체성을 가진 철학으로 이어졌는지 살펴보았습니다. 소크라테스를 보면서 우리는 이런 질문을 할 수 있습니다. '질문하는 철학이 도대체 무슨 의미가 있는 것이지? 살기 바빠 죽겠는데 무슨 질문이 필요해?' 하지만 소크라테스는 자기가 하는 일이 '참된 정치술'이라고 말합니다. 도대체 소크라테스의 대화가 어떤 뜻에서 참된 정치술인지, 소크라테스처럼 질문하는 것이 우리 삶에서 왜 중요한지 더 따져봐야겠습니다.

2장

철학과 '참된 정치'

소크라테스 철학에 대한 두 번째 강의입니다. 사람들이 철학에 대해서 가장 궁금해하는 질문으로 시작해볼까요?

철학자들은 질문의 전문가입니다. 모든 것에 대해서 질문을 던지고 토론하기를 좋아합니다. 그런 점에서 모든 철학자는 묻고 따지는 일을 아폴론 신에게 받은 소명으로 여겼던 소크라테스의 후예라고 할 수 있습니다. 하지만 질문을 잘하고 좋아하는 철학자에게도 아주 부담스러운 질문이 하나 있었습니다. 바로 '철학이란 무엇인가?'입니다. 대답이 쉽지 않습니다. '철학'의 이름으로 내놓고 보여줄 만한 성과가 뚜렷하지 않기 때문이죠.

기술자는 유용한 물건을 만들어서, 소설가는 소설을 써서 자신의 정체와 성과를 드러냅니다. 하지만 철학자는 그런 성

'아테네 학당'의 소크라테스. 라파엘로는 자신의 그림에 주변 사람들과 대화를 나누는 모습으로 소크라테스를 그려넣었다. 소크라테스의 철학은 끊임없는 질문과 대답으로 이어지는 '대화의 철학'이었고, 타인의 생각을 밖으로 꺼내어 그것의 옳고 그름을 보여 주는 '산파술'이 철학의 방법이었다.

과를 통해 자신의 정체를 보여주기 어렵습니다. 물론 철학자들도 논문을 쓰고 책을 내긴 하지만 그런 작업이 철학의 본질이라고 말할 수는 없습니다. 소크라테스처럼 아무 글도 쓰지 않고 철학을 한 사람도 있으니까요. 이번 장의 목적은 바로 이 질문, 즉 '철학이란 무엇인가?'라는 질문에 대한 소크라테스의 대답을 찾아보는 것입니다.

철학이란 무엇인가?

철학에 대해 소크라테스가 남긴 두 개의 발언에서 이야기를 시작해 봅시다. 물론 둘 다 플라톤이 기록한 말입니다. 하나는 『소크라테스의 변론』에 나오는 말이고, 다른 하나는 『고르기아스』라는 유명한 연설가의 이름을 딴 대화 편에 있는 말입니다. 『변론』에서 소크라테스는 이렇게 말합니다.

"내가 돌아다니면서 하는 일은 다른 것이 아닙니다. 여러분 중에 더 젊은 사람이건 더 나이 든 사람이건 누구든 붙잡고 영혼이 될 수 있는 한 탁월하게 되도록 열심히 마음을 써야지 그에 앞서거나 또는 그만큼 열심히 신체나 재물에 마음을 써서는 안 된다고 설득하는 것밖에 없습니다."(『변론』, 30a) •

『고르기아스』의 말은 이렇습니다.

"나는—나 혼자 그렇다고 말하지 않기 위해 이렇게 말하지만—소수의 아테나이인과 함께 참된 정치술을 시도하며 실제로 정치를 행하는 것은 요즘 사람들 가운데 나 혼자뿐이라고 생각하네."(『고르기아스』, 521d)＊＊

종합하면 소크라테스에게 철학은 대화를 통해서 사람들에게 영혼의 '탁월함'에 대해 관심을 갖게 하는 것이고, 이렇게 하는 것이 '참된 정치'라는 이야기입니다. 과연 무슨 뜻일까요?

'영혼의 탁월함'은 '정신의 탁월함'으로 바꿀 수도 있습니다. '탁월함'은 그리스어 '아레테'를 옮긴 말인데, 앞으로 플라톤이나 아리스토텔레스의 철학을 다룰 때도 자주 만나게 될 개념입니다. '아레테'를 사람들은 보통 'virtue', 즉 '덕'이라고 번역합니다. '덕', '미덕', '도덕'이라는 말을 들으면 자유로운 옷을 벗고 제복을 입으라고 강요받는 것처럼 불편함이 느껴지는 사람도 있겠지만 그리스어 '아레테'의 본뜻은 그렇게 딱딱한 것이 아닙니다.

'아레테'는 무엇이든 그것으로 자신의 기능을 잘 수행할 수 있게 하는 상태를 가리킵니다. 예를 들어 눈의 기능은 보

●   박종현 역주, 『변론』, 149쪽 참조.
●●   플라톤, 『고르기아스』, 김인곤 옮김, 아카넷, 203쪽 참조. 이후 '김인곤 옮김, 『고르기아스』'로 줄여서 인용.

는 데 있습니다. 그렇다면 눈을 통해 잘 볼 수 있는 상태가 눈의 아레테입니다. 눈이 가지고 있는 높은 시력이 눈의 아레테이겠죠. 또 말의 기능이 달리는 데 있다고 해봅시다. 그렇다면 말을 잘 달릴 수 있게 해주는 상태가 말의 아레테입니다. 잘 조련된 말이 그런 아레테를 갖겠지요. 이와 마찬가지로 사람에게 고유한 기능이 있다면 이 기능을 잘 실현하게 하는 아레테도 있을 겁니다. 즉 사람이 사람으로 잘 사는 상태가 사람의 아레테입니다. 사람의 아레테는 곧 영혼의 아레테, 정신의 아레테라고 바꿔 말할 수도 있습니다. 사람의 고유한 기능은 정신적인 활동에 있으니까요. 소크라테스는 사람들에게 그런 아레테에 관심을 갖게 하는 일, 즉 "영혼이 될 수 있는 한 탁월하게 되도록 마음을 쓰는 것이 자신의 일"이라고 말합니다. 소크라테스에게 철학은 사람들에게 아레테에 관심을 갖게 하는 일이었습니다.

철학이 '참된 정치술'이라는 말은 또 무슨 뜻일까요? 우리는 대략 이렇게 추측해 볼 수 있습니다. '사람이 잘 살기 위해서는 아레테에 마음을 써야 한다. 정치는 사람을 잘 살게 하는 활동이다. 따라서 아레테에 마음을 쓰게 하는 것이 참된 정치이다.' 하지만 아레테에 관심을 갖게 하는 것과 '참된 정치' 사이의 관계를 이해하려면 생각해 볼 것이 더 있습니다. 영혼의 탁월함을 놓고 소크라테스가 사람들과 어떤 대화를 나누었는지 살펴보아야 하죠. 또 그런 대화가 어떤 뜻에서 정치적인 의미를 가지는지 좀 더 따져봐야 합니다. 이를 위해서는 먼저 소크라테스가 내세운 '참된 정치'에 대비되는 당시의 '현실 정치'부터 이야기해 봐야 하겠습니다.

잘나가는 나라, 막 나가는 나라

소크라테스가 태어났을 때 아테나이는 아주 잘나가는 나라였습니다. 기원전 480년, 그러니까 소크라테스가 태어나기 10년 전에 아테나이는 다른 그리스 국가와 연합해서 대제국 페르시아의 침공을 물리치고 승리했습니다. 그 뒤 아테나이는 그리스 전체를 이끄는 나라로 점점 더 세력을 키워나갔습니다. 소크라테스가 마흔 살이 될 때까지 아테나이는 권력과 부와 명성에서 최고의 황금기를 누렸습니다. 자신들이 이웃 나라의 '본보기'라고 큰소리쳐도 누구 하나 반론을 제기할 수 없었죠.

하지만 '잘나가는 것'과 '막 나가는 것' 사이에는 한 글자 차이밖에 없습니다. 권력과 부와 명성에 취해 아테나이 사람들은 오만해졌습니다. '오만'을 뜻하는 그리스어는 '히브리스(hybris)'입니다. 히브리스는 그리스인이 위험시한 악덕 중의 악덕입니다. 오만은 자신의 한계를 모르고 날뛰게 하기 마련이니까요. 소크라테스 시대의 그리스 비극 작품은 최고의 정점에 있다가 몰락하는 영웅들의 모습을 보여주는데 그들이 몰락하는 이유가 바로 히브리스입니다. 그들은 명성과 권력에 눈이 멀어 자신의 한계를 모릅니다. 그런데 정점에서

밑바닥으로 추락하는 것은 비극 속 영웅들만은 아니었습니다. 최고의 전성기를 누린 아테나이가 그런 히브리스의 먹이가 되었으니까요. 페르시아 전쟁에서 승리한 뒤 대략 두 세대에 걸쳐 아테나이인들은 헤게모니에 대한 욕망에 사로잡혔고 이 욕망은 큰 전쟁을 불렀습니다. 아테나이의 세력 팽창에 두려움을 느낀 경쟁국 스파르타가 아테나이를 공격한 겁니다. 사람들은 이 전쟁을 '펠로폰네소스 전쟁'이라고 부릅니다. 펠로폰네소스 동맹을 이끌던 스파르타와 아테나이 사이의 전쟁이었기 때문이죠. 이 전쟁의 발단과 전개 과정을 자세히 기록한 역사가 투키디데스는 전쟁의 원인을 이렇게 요약했습니다. "아테나이인이 강대해지면서 스파르타인에게 공포심을 안겨주어 전쟁을 불가피하게 만들었다."• 몇 년 전부터 이런 상황을 가리키는 용어로 '투키디데스의 함정'이라는 말이 유행인데, 이는 바로 그레이엄 앨리슨이 만들었습니다.

그레이엄 앨리슨은 하버드대학교에서 진행된 '투키디데스의 함정' 프로젝트에서 지난 500년 동안 16개의 역사적 사례들을 분석했고, 그중 12차례의 전쟁이 투키디데스가 찾아낸 '위험한 역사적 패턴'을 반복했다는 사실을 확인했습니다.••

• 투키디데스, 『펠로폰네소스 전쟁사』, 천병희 옮김, 숲 2011, 46쪽 참조. 이후 '천병희 옮김, 『펠로폰네소스 전쟁사』'로 인용.

•• 그레이엄 앨리슨, 『예정된 전쟁』, 정혜윤 옮김, 세종서적 2018.

그는 이 패턴을 '투키디데스의 함정'이라고 불렀습니다. 투키디데스가 요약한 상황, 즉 한 나라의 세력 팽창과 그에 대한 경쟁국의 두려움이 낳는 전쟁이 12차례 기본 패턴을 보여준다는 것이지요. 앨리슨은 『예정된 전쟁』에서 이 패턴에 비추어 미국과 중국 사이의 패권 경쟁이 불러올 전쟁의 위험을 경고합니다. 하지만 '투키디데스의 함정' 이야기는 『펠로폰네소스 전쟁사』의 일부에 불과합니다. 투키디데스는 전쟁 속에 드러나는 인간 본성의 파괴적인 얼굴을 보여주고 그런 본성의 역사적 반복을 경고하는 데 전쟁사의 목적을 두었습니다.

기원전 431년에 발발한 '펠로폰네소스 전쟁'은 단순히 아테나이와 스파르타 두 나라 사이의 싸움만은 아니었습니다. 이 두 나라가 이끄는 동맹에 가담했던 그리스의 도시국가들도 아테나이 편과 스파르타 편으로 나누어서 싸움에 말려들었습니다. 27년 동안 이어진 전쟁은 마침내 아테나이의 패전으로 끝났지요. 소크라테스는 70년을 살면서 인생의 후반기 30년을 이 전쟁통에 보낸 사람입니다. 여러 차례 전투에 직접 참여하기도 했습니다. 그러니 어떻게 소크라테스가 겪었던 전쟁의 현실과 그의 철학을 떼어놓고 이야기할 수 있겠습니까?

소크라테스와 동시대를 살았던 투키디데스는 다른 나라와의 전쟁과 그로 인한 내전의 전개 과정을 이렇게 기록했습니다.

"나중에는 전체 그리스 세계가 전쟁에 휘말려들면서 곳곳에서 분란이 일어나 민중파 지도자들은 아테나이인을 끌어들였고 과두파 지도자들은 스파르타인을 끌어들였다."(『펠로폰네소스 전쟁사』, III 82.1)*

"시민들 가운데 중립을 지킨 사람들은 분란에 가담하기를 거부했다는 이유에서나 혹은 그들만 살아남는 것에 대한 시샘 때문에 양쪽 정파에 희생되었다."(『펠로폰네소스 전쟁사』, III 82.8)**

전쟁과 내란 속에서 인간의 모습을 적나라하게 보여주는 대목입니다. 투키디데스의 전쟁사는 여러 각도에서 인간 본성의 숨겨진 모습을 보여주는데, 그중에서 특히 눈길을 끄는 곳은 관습과 도덕의 붕괴를 묘사하는 대목입니다. 소크라테스의 철학을 이해하기 위해 우리가 건너뛸 수 없는 부분이지요. 이 부분을 더 읽어봅시다.

"내전은 행동을 가리키는 낱말들의 일상적 의미를 정당화의 수단으로 뒤집어놓았다. 비이성적인 만용은 애국적인 용기로, 앞일을 내다보는 신중함은 기회주의적인 비겁으로, 절제는 사

* 천병희 옮김, 『펠로폰네소스 전쟁사』, 286쪽 참조.
** 천병희 옮김, 『펠로폰네소스 전쟁사』, 288쪽 참조.

내답지 못함의 장식물로, 만사를 대비하는 사려분별은 모든 일에 대한 태만으로 간주되었다. 광기 어린 돌발 행동은 사내다운 태도로, 안전을 고려한 심사숙고는 빠져나가려는 그럴듯한 핑계로 여겨졌다."(『펠로폰네소스 전쟁사』, III 82.4) •

혼란의 시대에 개인은 무엇을 할 수 있을까?

소크라테스는 이런 가치 전복의 세상을 살면서 그 시대와 대결했던 사람입니다. 춘추시대를 모르고서 공자의 철학을 이야기할 수 없듯이, 펠로폰네소스 전쟁기의 사회적 혼란을 떠나서는 소크라테스의 철학을 이해할 수 없습니다.

정치적 분열과 도덕적 혼란의 시대에 철학자 개인이 할 수 있는 일로는 무엇이 있을까요? 폭풍우 치는 바다의 사나운 파도처럼 몰려오는 정치적 격변을 겪으면서 소크라테스가 깨달은 것이 하나 있습니다. 정의를 지키려면 목숨을 잃고 목숨을 지키려면 정의를 잃는다! 투키디데스의 말대로 전쟁은 공정한 중립을 허락하지 않으니까요. 소크라테스는 이런 극단의 상황 속에서 가능한 한 최선의 태도를 취했습니다. "진정 정의를 위해서 싸우려는 사람은 그가 잠시라도 목숨

• 천병희 옮김, 『펠로폰네소스 전쟁사』, 287쪽 참조.

을 부지하려면 반드시 보통 사람으로 살아가야지 공적인 사람으로서 처신해서는 안 된다."(『변론』, 32a)● 소크라테스는 이렇게 결심했습니다. '보통 사람으로 살면서 영혼의 탁월함에 관한 대화를 나누는 것이 내가 할 일이다.'

소크라테스의 대화는 영혼의 탁월함에 대한 질문으로 시작합니다. '용기란 무엇인가?', '절제란 무엇인가?', '우정이란 무엇인가?', '정의란 무엇인가?'…… 소크라테스는 이런 질문을 놓고 아고라에서 사람들을 붙잡고 대화를 나누었습니다. 소크라테스가 한 일을 간단히 요약하면 정의가 없는 시대에 정의를 묻고 절제가 없는 시대에 절제를 묻고 참된 용기가 없는 시대에 용기에 대해서 물은 것이라고 할 수 있습니다. 물론 이런 소크라테스의 질문에 사람들은 대답하기 귀찮았겠지요. 대답할 수 없는 질문을 던지는 소크라테스가 엄청나게 미웠을 것입니다.

누군가는 이렇게 반문할지도 모르겠습니다. '그렇게 심각한 내분과 혼란의 시기에 도덕에 대한 대화나 나누고 있다니 너무 한가한 것 아니야?' 하지만 소크라테스는 이렇게 반문할 듯합니다. '도덕의 근본이 서지 않는 한 사람들이 얻어낸 모든 것은 파괴를 위한 수단에 불과하다. 나는 그것을 직접 경험했다. 정의, 우정, 용기, 절제가 없는 세상에서 권력

●　박종현 역주, 『변론』, 154쪽 참조.

을 추구하는 정치, 아름다움을 추구하는 예술, 편리함을 찾는 기술이 우리를 잘 살게 할 수 있을까?'『변론』에서 소크라테스는 이렇게 말합니다. "아무리 많은 재물이나 높은 명성도 영혼에 도덕적 탁월함이 없으면 사람들에게 좋은 것이 되지 못한다."(『변론』, 30b)* 재물도, 명성도, 권력도 탁월함을 갖춘 사람들에게만 좋은 것이 될 수 있다는 겁니다. 탁월함을 갖춘 사람들, 정의롭고 지혜로운 사람에게는 적은 재물이나 권력도 유용하게 쓰일 수 있지만, 불의를 일삼고 무지에 사로잡힌 사람에게는 아무리 많은 재물이나 권력도 결국은 공동체와 자기 스스로를 망가뜨리는 데 쓰일 수밖에 없다는 뜻이죠.

'아하! 그렇다면 소크라테스가 이루려고 한 것은 결국 도덕 정치이네. 사람들이 정의, 용기, 절제 등을 갖추게 하는 것이 철학이자 '참된 정치술'이라는 말이 아니겠어?' 누군가는 이렇게 말할지 모릅니다. 하지만 이런 판단은 인간과 정치에 대한 소크라테스의 기대를 훨씬 뛰어넘는 속단입니다. 소크라테스는 아레테를 실현하는 것이 참된 정치라고는 보지 않았습니다. 그는 인간에게 아레테에 대해 온전히 알 수 있는 능력이 있다고 보지 않았으니까요. 인간이 알지도 못하는 아레테를 어떻게 정치가 실현할 수 있겠습니까? 그는 사

* 박종현 역주, 『변론』, 149쪽 참조.

람들이 할 수 있는 일은 탁월함의 소유가 아니라 그것들에 대한 마음을 쓰는 것이고 그런 마음을 쓰는 태도를 갖는 데 '참된 정치'가 있다고 보았던 것이지요. 소크라테스가 사람들과 나눈 탁월함에 대한 대화들을 떠올려보면 그 뜻을 알 수 있습니다.

타인의 생각을 끌어내다, 산파술

플라톤은 아레테에 대한 소크라테스의 대화를 기록으로 많이 남겼습니다. 그 가운데 한 대목만 짧게 소개하려고 합니다.

소크라테스가 어느 날 길거리에서 라케스라는 사람을 만났습니다. 라케스는 전쟁에서 공을 세운 아테나이의 유명한 장군이었습니다. 소크라테스는 라케스를 만나서 질문을 던집니다.(『라케스』, 190d 이하)•

"용기란 무엇인가요?"

전쟁의 베테랑인 라케스에게 용기에 대해 대답하는 것만큼 쉬운 일이 어디 있겠습니까? 라케스는 간단명료하게 대답합니다.

"그거야 간단하죠. 싸움에서 물러서지 않는 사람이 용감한

• 플라톤, 『라케스』, 한경자 옮김, 아카넷 2020, 50쪽 이하 참조.

사람 아닙니까?"

소크라테스는 반문합니다.

"하지만 멈춰 서서 싸우지 않고 도망치면서 싸우는 사람은 어떤가요?"

라케스가 묻습니다.

"어떻게 도망치면서요?"

소크라테스가 다시 대꾸합니다.

"스키티아 사람들은 적을 뒤쫓아가면서 싸우기도 하지만 그에 못지않게 도망을 치면서 싸우기도 한다죠?"

라케스가 대답합니다. 자신의 전문적인 분야이기 때문에 대답도 잘하죠.

"그 말은 보통 기병에게 통용되죠. 기병대는 그렇게 싸우고 보병대는 내가 말한 대로 임전무퇴의 자세로 싸우기 때문입니다."

소크라테스가 더 따져 묻습니다.

"하지만 스파르타의 보병은 아니죠. 그들은 페르시아 군대와 싸울 때 물러서는 척하다가 뒤돌아 적을 공격해서 싸웠으니까요. 그럼 그 사람을 용기가 없는 사람이라고 해야 될까요?"

라케스는 당황했습니다. 결국 용기가 무엇인지에 대해서 자기가 별로 생각해 보지 않았다는 사실을 인정할 수밖에 없게 되었죠.

이런 소크라테스의 대화법을 '산파술'이라고 부릅니다. 지금은 산파를 찾기 어렵지만 제가 공부한 독일에서는 여전히 산파 일을 하는 사람들이 적지 않습니다. "환자도 아닌데 내가 왜 병원에 가서 아기를 낳아야 하지?"라고 말하면서 집에서 출산하는 산모가 많기 때문이지요. 어쨌든 산파의 역할은 자기가 직접 아이를 낳는 것이 아니라 임산부를 도와서 아이를 순산할 수 있게 하는 것이죠. 소크라테스는 질문을 하고 그에 대해 직접 대답을 제시하는 것이 아니라 그 질문에 대해서 다른 사람이 마음에 품고 있는 생각을 끌어내서 그것이 옳은 것인지 그른 것인지를 확인하는 일을 자신의 일로 생각했습니다. 그런 점에서 소크라테스의 대화를 산파의 역할에 비유해서 산파술이라고 부릅니다.

소크라테스의 대화는 똑같은 패턴으로 진행됩니다. 시치미를 뚝 떼고 상대방에 다가가서 질문을 던집니다. 상대방이 대답하면 그에 대해 되묻고 따지면서 그가 올바른 생각을 가지고 있는지 시험합니다. 이런 과정을 통해 소크라테스의 대화에 말려든 사람의 주장은 반박을 당하게 되고 결국 그 사람의 무지가 드러나게 되지요. 그런 점에서 소크라테스의 대화는 '아포리아'에 봉착하게 됩니다. '길 없는 (a-poros)' 상태, 즉 막다른 골목에 빠져드는 겁니다. 사람들은 소크라테스의 질문에 대답을 이어가다가 결국 항복 선언을 할 수밖에 없습니다. 이렇게 항복 선언을 한 사람도 있었습니다. "제가 보기에 당신은 겉모양이나 다른 점들이나 바다에 사는 넓적한 전기가오리와 모든 면에서 비슷합니다. (……) 참으로 저로서는 영혼도, 입도 마비되어 당신에게 무슨 대답을 할 수 있을지 모르겠으니까요."(『메논』, 80a)*
이렇게 해서 생겨난 소크라테스의 별명이 '전기가오리'입니다. 소크라테스는 이렇듯 대답 없는 질문으로 일관하는 대화가 무슨 쓸모가 있다고 생각했을까요?

캐묻지 않는 사람은 살 가치가 없다

소크라테스와 질문과 대답을 나눈 사람 중 많은 사람이 그를 욕합니다. '자꾸 질문만 하지 말고 대답을 해주세요. 직접 질문에 대해 대답해 보세요.' 하지만 소크라테스는 시미치를 뚝 떼고 대꾸합니다. '나는 아무것도 몰라요.' 사람들이 더 따져 물으면 소크라테스에게는 준비된 대답이 있습니다. '영혼의 탁월성에 대한 대화 자체에 의미가 있다. 사람답게 살려면 캐물어라. 캐묻는 것이 사람다운 삶의 방식이다.' 이런 소크라테스의 생각을 압축한 문구가 "캐묻지 않는 사람은 살 가치가 없다."(『변론』, 38a)** 라는 말입니다. 소크라테스의 철학에 대해 얘기할 때 자주 등장하는 문구입니다. 이것은 또 무슨 뜻일까요? 캐묻지 않는 삶이 어떤 것인지 따져보면 왜 캐묻는 삶이 필요한지 대답

---

*   플라톤, 『메논』, 이상인 옮김, 아카넷 2019, 45쪽 참조.

**   박종현 역주, 『변론』, 176쪽 참조.

을 얻을 수 있습니다. 캐묻지 않는 삶이란 스스로 삶의 태도나 방향에 대해서 좋은지 나쁜지 옳은지 그른지 따지지 않는 삶, 남들이 사는 대로 사는 삶이 되겠죠. 그것은 습관을 따르는 삶일 수도 있고, 외부의 강제력에 내맡겨진 삶일 수도 있고, 유행을 따르는 삶일 수도 있습니다. 그런데 그 어디에도 사람다운 삶은 없습니다. 습관에 따르는 삶은 동물에게도 가능합니다. 외부의 강제에 내맡겨진 삶은 노예의 삶입니다. 유행을 따르는 삶은 타인의 욕망을 좇는 군중 속의 익명적인 존재의 삶이지요. 물론 누구도 습관이나 외부의 강제나 군중의 취향에서 완전히 벗어날 수는 없습니다. 하지만 단순히 거기 머물기만 한다면 나 자신의 삶은 어디 있을까요? 자신의 삶을 살아가는 것은 질문을 던지는 데서 시작합니다. 내가 왜 이 습관을 따라야 할까? 내가 왜 이 강제를 받아들여야 하지? 대중의 욕망이 아닌 나 자신의 욕망은 무엇일까? 이런 질문들이 캐물음의 삶으로 자신을 인도합니다.

남에게 묶여 사는 노예가 아니라 자유와 권리를 가진 시민들이 캐묻지 않는 삶을 살면 어떤 일이 벌어질까요? 아마도 그렇게 사는 사람들을 좋아하는 사람들이 있을 겁니다. 바로 권력을 가진 사람들, 그 사회의 지배적인 힘을 행사하는 사람들이겠지요. 그들은 많은 사람이 자신의 지배에 순응하기를 원하니까요. 하지만 그렇게 지배하는 자와 지배에 묵종하는 사람들만 있으면 어떻게 되겠습니까? 문제 제기도, 비판도, 대안 모색도 없는 정치로 타락하고 말 겁니다. 소크라테스가 경험했고 투키디데스가 기록한 시대가 바로 그렇게 타락한 정치의 시대였습니다. 소크라테스가 요구한 캐물음의 의미는 그런 정치를 막는 데 있었던 것입니다.

소크라테스는 '잘나가는 시대'를 살았습니다. 잘나가는 시대의 특징은 뒤를 돌아보지 않는다는 데 있습니다. 속도는 제어를 싫어하니까요. 그러다 보니 속도에 뒤지지 않기 위해서 사람들은 반성과 성찰에 무관심한 채 허둥대면서 앞으로 달려갑니다. 소크라테스에 따르면 이런 시대의 현실 정치는 "절제와 정의는 빼놓고 항구와 조선소, 성벽, 공물 그리고 그런 종류의 하찮은 것들로 나라를 꽉 채우기"(『고르기아스』, 519a)*에 몰두합니다. 잘나가는 나라의 대중들은 그런 것들을 원하고, 정치는 대중의 욕망에 맞춰야 합니다. 누구도 도덕에 대해 이야기하지 않습니다. 비웃음을 사기 십상이니까요. 어떤 정치가도 사람들을 견책하는 이야기를 통해서 표를 얻을 수는 없습니다. 하지만 이렇게 '잘나가는 나라'에는 반전이 따릅니다. 잘나가는 나라가 '막 나가는 나라'로 뒤집히는 거죠. 부와 명성을 자랑하던 아테나이도 그렇게 내정과 혼란의 나라로 바뀌었습니다. 소크라테스는 바로 이런 반전의 시대를 경험한 사람이었죠. 그의 철학은 이런 시대에 질문을 통해 반성과 성찰을 촉구했습니다. 보이는 성과가 없으

---

* 김인곤 옮김, 『고르기아스』, 197쪽 참조.

니까 아무것도 하는 일이 없는 것처럼 보였겠죠. 하지만 소크라테스에게는 그것이 '참된 정치'였습니다. 20세기 철학자 칼 포퍼는 '소크라테스의 비판은 민주적인 비판이고, 민주주의적 생활을 위해서 필요한 비판'이었다고 말하고 있습니다. 소크라테스의 참된 정치술이 낳은 결과가 무엇인지 우리는 잘 압니다. 바로 재판과 죽음이었습니다.

3장

재판과 죽음

소크라테스에 대한 마지막 강의입니다. 이번 강의의 주제는 철학자의 재판과 죽음입니다. 소크라테스는 기원전 399년 5월 불경죄로 고소되어 재판을 받고 한 달 뒤에 독배를 마시고 죽었습니다. 친구들은 그의 탈옥을 위해서 많은 노력을 기울였지만 실패로 끝났죠. 준비가 부족했거나 계획이 사전에 발각되었기 때문은 아니었습니다. 실패의 원인을 제공한 것은 바로 소크라테스 자신이었습니다. 소크라테스는 스스로 탈옥을 거부하고 죽음을 선택했습니다.

왜 언변이 뛰어난 소크라테스가 재판정에서 사람들을 설득해서 자신의 무죄를 밝히지 못했을까요? 무죄로 방면되거나 국외 망명을 해서 계속 철학을 했다면 더 좋은 결과가 있지 않았을까요? 이번 장에서는 이 두 가지 물음에 대해서 살펴보려고 합니다. 소크라테스의 재판과 죽음이 우리의 시대에 의미하는 것을 따져보는 시간이기도 합니다.

풍기문란죄로 재판정에 서다

소크라테스에 대한 고소장에는 "소크라테스는 젊은이들을 타락시키며 나라가 믿는 신들을 믿지 않고 다른 새로운 다이몬들을 믿음으로써 불의를 행한다."(『변론』, 24b)*라고 기록돼 있었습니다. 일종의 풍기문란죄였죠. 소크라테스의 평소 언행이 시빗거리였습니다. 그는 사람들이 믿는 신들을 부정하지 않았습니다. 하지만 사람들의 종교적 믿음에 대해 자주 의문을 표하며 비판적인 입장을 드러냈습니다.** 사람들이 아무 생각 없이 받아들이던 잘못된 믿음이나 집단적 신앙에 대해서 가만히 있을 소크라테스가 아니죠. 그는 또 자신의 내면에서 '다이몬의 소리'가 들린

• 박종현 역주, 『변론』, 127쪽 참조.
•• 『에우티프론』이라는 대화 편에 이를 보여주는 장면들이 있다. 소크라테스는 자신에 대한 고소와 관련된 진술을 하기 위해 'basileios stoa(집정관 관청)'라는 곳으로 가던 중 에우티프론을 만난다. 그는 실수로 노예를 죽인 아버지를 고소하러 가는 길이다. 에우티프론은 제우스가 아버지 크로노스를 감금했고 크로노스는 자신의 아버지 우라노스의 성기를 절단했다는 신화를 끌어들여 자신의 행동을 정당화하려고 한다. 이때 소크라테스가 '에우티프론! 내가 기소를 당하는 것은 실은 이 때문인가요? 즉 누군가가 신들과 관련해서 이야기할 때 내가 아무래도 받아들이기를 꺼리는 탓으로 말이지요. 바로 이 때문에 내가 잘못을 저지르는 것으로 사람들이 말하는 것 같습니다.'라고 반문한다. 플라톤, 『에우티프론, 소크라테스의 변론, 크리톤, 파이돈』, 박종현 역주, 서광사 2003, 44~45쪽에서 인용.

'소크라테스의 죽음(자크 루이 다비드, 1787)'. 소크라테스는 탈옥을 종용하는 친구 크리톤에게 국법의 정당성을 옹호하며 독배를 마셨다.

다고 입버릇처럼 말했습니다. 이 소리는 어떤 것을 할 때 이를 가로막는 일종의 금지 명령이었습니다. 마음속 깊은 곳에서 울려나오는 특별한 '양심의 소리'였을지도 모릅니다.* 문제는 아테나이인들 가운데 그런 '소리'를 들은 사람이 아무도 없었다는 것이었죠. 따라서 아테나이인들은 소크라테스가 말하는 '다이몬의 소리'가 무엇인지 전혀 이해할 수 없었습니다. 그들이 소크라테스를 의심의 눈으로 바라보면서 자기들이 알지 못하는 '낯선 신'을 끌어들인다고 생각한 것은 당연한 일이었습니다.

하지만 소크라테스를 재판정에 서게 한 더 큰 문제는 다른 데 있었습니다. 바로 '묻고 따지고 시험하면서' 사람들을 궁지로 몰아넣는 그의 대화법 때문이었죠. 소크라테스의 '산파술'을 기억하시죠? 사람들이 많이 모인 아고라에는 소크라테스의 대화를 구경하던 젊은이들이 있었습니다. 당시 아테나이에서 유명했던, 사람들의 무지를 들춰내는 소크라테스의 대화가 그들에게는 더없이 재미난 볼거리였겠지요. 거기에서 그친 것이 아닙니다. 젊은이들은 소크라테스를 따라 하기 시작했습니다. 이런 젊은이들의 행동은 사람들을 불편하게 만들었습니다. 많은 아테나이인들이 보기에 소크라테스

---

* '양심(Gewissen)'에 대한 현대의 가장 흥미로운 해석은 하이데거(M. Heidegger)가 제시했다. 그에 따르면 '양심'은 내 안에서 들리는 '부름'으로서 일상에 매몰된 퇴락의 상태로부터 나를 불러내는 일종의 '소리'이다. 하이데거, 『존재와 시간』, 이기상 옮김, 까치 2012, 360쪽 참조.

는 젊은이를 타락시키고 그들을 기성세대를 공격하는 반항
아로 만드는 인물 같았을 겁니다. 그 결과가 소크라테스의
재판이었습니다.

탈옥을 거부한 철학자

당시 아테나이의 재판은 배심원
재판이었습니다. 6000명에 달하는 시민들을 미리 정해놓고
재판 당일 이 가운데 제비뽑기로 배심원을 뽑았습니다. 뇌
물 수수 등을 막고 재판을 공정하게 진행하기 위한 뛰어난
제도였습니다. 개인적인 재판(민사 소송)의 경우에는 200명
혹은 400명의 배심원이, 공적인 재판(형사 소송)의 경우에는
500명 또는 그 이상의 배심원이 배정되었는데, 소크라테스
에 대한 재판은 공적인 것으로 간주되어 500명의 배심원이
참여했습니다.

재판은 두 단계로 진행되었습니다. 먼저 죄의 유무를 따지
고 그 뒤 유죄 판결이 나면 형량을 결정하는 것이었습니다.
첫 번째 단계에서 소크라테스는 무죄를 주장했지만 280대
220으로 유죄 판결이 났습니다. 두 번째 단계에서는 사형을
요구하는 고소인 편으로 80표가 더 넘어갔습니다. 그래서
500명 가운데 360 대 140으로 소크라테스를 처형해야 한다
는 쪽이 다수를 차지하게 되었습니다. 왜 이런 일이 벌어졌
을까요? 소크라테스의 황당한 주장이 배심원들의 심기를 거

슬렀기 때문입니다.

형량을 지정하는 두 번째 재판 단계에서 소크라테스는 자신에게 합당한 벌이 '영빈관'에서의 식사 대접이라고 주장했습니다. 아테나이의 아크로폴리스 비탈에는 '프리타네이엄(prytaneion)'이라고 불리는 곳이 있었습니다. 이곳은 외국의 사절을 비롯한 나라의 귀빈이나 올림피아 경기에서 우승한 사람들을 위해 식사 대접을 하는 장소였지요. 소크라테스는 자신이 아테나이인들을 위해서 좋은 일을 했으니 올림피아 경기에서 우승한 사람들에게 주는 상을 받는 것이 합당하다고 우겼던 것입니다. 우리가 배심원이었어도 소크라테스의 말이 황당하게 들리지 않았을까요? 감형을 청해야 하는 순간에 보상을 요구하다니……. 말이 되지 않습니다. 재판에 배석한 친구들이 배심원 6000명의 하루 일당에 해당하는 엄청난 액수의 벌금을 물겠다고 제안을 수정했지만 이미 소크라테스에게 등을 돌린 배심원들의 마음을 되돌릴 수는 없었습니다. 그러니 대화의 달인이 배심원 설득에 실패한 이유는 따질 필요도 없겠죠.

연설에 필요한 것은 설득입니다. 훗날 아리스토텔레스는 설득력 있는 연설을 위해 『연설술(Technē rhētoikē)』이라는 책을 저술했습니다. 보통 '수사학'이라고 번역되지만, 실제로는 말이나 글을 아름답게 꾸미는 수사의 기술이 아니라 '연설가의 기술'을 다룬 책입니다. 아리스토텔레스에 따르면 설득력 있는 연설을 하려면 연설가는 먼저 청중에게 자신에 대한 신뢰를 심어줘야 합니다. 내가 얼마나 훌륭한 인격자이고, 얼마나 좋은 일을 했으며, 얼마나 정직한 삶을 사는 사람인지 보여준 다음에 그들의 감정에 호소해야 합니다. 공감이나 연민을 일으키거나 공포감을 불러내서 사람들의 마음을 움직이고 적절한 논변을 구사해서 듣는 이의 마음을 얻는 것입니다.

소크라테스가 이를 몰랐을 리 없습니다. 하지만 소크라테스의 연설은 대중의 마음을 얻으려는 그런 설득과는 거리가 멀었습니다. 배심원들의 연민과 공감에 호소하기는커녕 도발적인 발언을 서슴지 않았으니까요. 그런 사람이 아무리 뛰어난 논리를 동원해서 논변을 펼친들 무슨 소용이 있었겠습니까? 하지만 재판 결과는 소크라테스에게 중요하지 않았습니다. 철학자에게는 사느냐 죽느냐 하는 문제보다 더 중요한 것이 있었는데, 바로 배심원들에게 진실을 알리는 것이었죠. 이것이 그의 가장 중요한 관심사였기 때문에 그는 배심원들을 설득하는 일에 큰 관심을 두지 않았습니다. 재판이 끝나고 소크라테스는 곧바로 투옥됐습니다. 지금도 아테네 외곽에 가면 그 시절 모습을 간직한 동굴 감옥이 있습니다. 커다랗게 벌린 아가리처럼 컴컴한 입구가 있고 안쪽을 들여다보면 커다란 공간이 나옵니다. 어둡고 차가운 이 지하 감옥에 소크라테스도 갇혀 있었습니다.

소크라테스는 30일 동안 투옥되었습니다. 재판 직후에 곧바로 처형이 이루어지는 것이 당시의 관례였지만, 운이 좋았는지 소크라테스의 처형은 연기되었습니다. 재판 직후 인근 델로스섬에서 아폴론 신을 기리는 축제가 시작되었는데 이 축제가 이어진 30일 동안에는 사형 집행이 연기되었기 때문이죠. 하지만 축제가 끝나자 독배를 마시는 날이 여지없이 찾아왔습니다. 그 사이 친구들은 소크라테스를 탈옥시킬 계획을 세웠습니다. 간수를 매수해서 그를 다른 나라로 빼돌리려고 했던 것이죠.

소크라테스가 탈옥을 감행했다면 아테나이인들도 이를 묵인했을 것이라고 저는 생각합니다. 그들도 소크라테스가 '고집불통 노인네'라는 것쯤은 알고 있었지만 '죽을죄를 지은 범죄자'로 여기지는 않았을 테니까요. 소크라테스가 탈옥을 감행했다면 아테나이인들은 소크라테스를 그대로 방치하지 않았을까요?

하지만 소크라테스는 탈옥을 거부했습니다. 탈옥 준비를 마치고 찾아온 친구 크리톤을 상대로 그는 또다시 자기의 특기를 발휘했으니까요. 탈옥의 정당성에 대해서 크리톤을 붙잡고 묻고 따지고 시험한 것이죠. 탈옥을 간청하는 친구에게 그는 이렇게 반문합니다. '다른 나라로 떠날 자유가 허락되어 있음에도 불구하고 70 평생을 아테나이에 머물렀다면 이는 내가 이 나라의 법을 따르기로 약속한 탓이 아닌가? 내가 이 나라에 머무는 것은 자발적인 일이다. 그런데 이렇게 자율적으로 나라와 맺은 약속을 어기고 판결을 부정하면서 법의 효력을 훼손한다면 이는 나라에 큰 해를 끼치는 일인

데 과연 이것이 옳은 일인가?'

" '그러나 당신은 아마도 살날이 얼마 남지 않은 노인네 처지에 최고의 법률을 어기면서 이토록 끈질기게 살아남으려고 안간힘을 썼군요!'라고 말할 사람이 아무도 없을까?"(『크리톤』, 53d) •

재판정에서 "죽어도 좋다."라고 큰소리를 친 철학자로서는 탈옥을 상상하기 어려웠을 겁니다. 그것은 소크라테스가 죽음보다 무서워했던 자기모순에 덫에 걸리는 일이었을 테니까요. 소크라테스는 자기모순을 피하기 위해서, 자신의 논리를 고수하기 위해서 독당근이 든 술잔을 들이키고 몸이 뻣뻣하게 굳어서 죽게 됩니다. ••

악법도 법인가?

소크라테스와 크리톤의 대화를 놓고 소크라테스가 '악법도 법'이라고 한 말이 오랫동안 전해져 내려왔습니다. 우리나라뿐만 아니라 여러 나라 독재자

• 플라톤, 『크리톤』, 이기백 옮김, 아카넷 2020, 46쪽 참조.
•• 소크라테스의 시대, 그의 삶과 죽음에 대한 자세한 서술은 베터니 휴즈, 『아테네의 변명』, 강경이 옮김, 옥당 2012 참조.

에게도 악용된 말이죠. 하지만 소크라테스의 대화가 담긴 『크리톤』에는 그런 말이 나오지 않습니다. 소크라테스의 주장을 간단하게 풀이하면 이 정도로 요약할 수 있습니다. '비록 법에 따르는 판결이 잘못된 결정이라도 그것에 불복하는 것은 올바른 일이 아니다.'•

조금 더 자세하게 풀이하면 소크라테스의 주장을 이렇게 말할 수 있겠죠. '내가 일단 국법과 국가의 공익을 올바른 것으로 인정한 이상 그것을 따르지 않는 것은 올바른 일이 아니다. 비록 국법의 판결이 잘못되었다고 하더라도 그것에 불복하는 것은 옳지 않다. 왜냐하면 그것은 국법과 국가의 공동 이익을 파괴하는 것이기 때문이다. 국법이 명하는 데 이의가 있다면 가능성은 둘이다. 설득하거나 아니면 조국이 명하는 것을 이행하는 것이다. 이외의 불복종은 올바르지 않다.' 이것이 바로 『크리톤』에서 소크라테스가 탈옥을 거부하면서 크리톤에게 남긴 말입니다.

이 말을 듣고 우리는 의문을 하나 가질 수 있습니다. 개인의 모든 행동이 과연 그렇게 공적인 법에 구속되어야 하는 것일까? 만일 소크라테스에게 '무죄방면을 해줄 테니 철학을 그만두라!'라는 판결이 내려졌다면 그는 이 판결을 받아들였을까? 아마 그렇게 하지 않았을 것이 확실합니다. 실제

• 「크리톤」 49b, 50b, 51a 이하 참조.

로 그는 법정 연설에서 그런 판결을 가정하면서 '철학을 그만두는 대가로 무죄방면을 해준다고 하더라도 나는 죽음을 감수하고 철학을 하겠다.'라고 단언하고 있으니까요.

"'소크라테스, 이번엔 아니토스의 말을 듣지 않고 당신을 놓아주겠지만 거기엔 이런 조건이 있소. 더 이상 이렇게 따지는 일에 소일하지 말고 철학을 하지도 않는다는 것이오. 만약 다시 그런 일을 하다가 잡히면 그때는 죽을 것이오.' 만약 여러분이 내가 말한 바로 이 조건으로 나를 놓아준다면 나는 여러분에게 이렇게 대답할 것입니다. '아테나이 여러분, 나는 여러분을 반기고 친구로 여기지만 여러분을 따르기보다는 신을 따를 것이며, 또 목숨이 붙어 있고 힘이 닿는 한 철학 하기를 그만두지 않고, 여러분 가운데 어느 누구를 만나든 내가 늘 하는 말을 할 것입니다. "이 훌륭한 사람아, 자네는 지혜와 힘에서 이름 높은 위대한 나라인 아테나이의 시민이면서 할 수만 있으면 많은 재물과 명성과 지위를 얻는 데 마음을 쓸 뿐 사려라든가, 진리라든가, 영혼을 될 수 있는 한 훌륭하게 하는 데는 마음도 쓰지 않고 걱정도 하지 않는 것을 부끄럽게 생각하지 않는가?"라고요.'"(『변론』, 29c)•

•   박종현 역주, 『변론』, 147쪽 참조.

우리는 소크라테스의 법에 대한 일관성에 의문을 품을 수 있습니다. 소크라테스는 한편으로는 "법의 판결이 나에게 불리하다고 하더라도 지켜야 한다."라고 말하면서 또 다른 한편으로는 "철학을 그만두라는 법의 판결이 난다면 나는 이것을 따를 수 없다."라고 얘기하니까요. 하지만 저는 소크라테스의 두 발언 사이에 모순이 있다고는 생각하지 않습니다. 저는 소크라테스의 두 발언을 '법이 나의 신념과 행동을 구속할 수는 없지만 그에 따른 법의 처벌이 있다면 그것은 기꺼이 감수하겠다.'라는 뜻으로 받아들일 수 있다고 생각합니다.

소크라테스의 죽음과 민주정의 위험성

우리는 소크라테스를 잘못된 재판의 희생양이라고 생각하기 쉽습니다. 많은 소크라테스 연구자들이 그렇게 생각합니다. 하지만 제 생각은 그렇지 않습니다. 잘 따져보면 그는 합법적인 절차에 따라서 재판을 받았고 방어권도 충분히 행사했습니다. 그를 고소한 사람들의 잘못을 따질 수는 있지만 재판의 정당성까지 부정할 수 없지요.

이런 배경에서 보면 소크라테스의 재판은 고집쟁이 철학자의 억울한 죽음 이상의 뜻을 가지고 있습니다. 저는 소크라테스의 재판이 '합법적인 것과 옳은 것 사이에 간극'을 보여주는 하나의 사건이라고 봅니다. 합법적인 것과 옳은 것 사이의 깊은 간극은 어느 시대, 어느 나라의 정치에서나 고민거리입니다. 소크라테스의 시대나 우리의 시대나, 소크라테스의 민주정에서나 우리의 민주정에서나 똑같이 이런 문제가 존재하겠죠.

모두가 잘 알고 있듯이 민주정의 기본은 다수결에 의한 결정의 원리입니다. 이는 합법적인 것으로 수용되죠. 하지만 잘 따져보면 다수결의 원리처럼 위험한 것도 없습니다. 왜냐하면 그것은 합법적으로 공동체를 해체하는 수단이 되기 때문이죠. 그 이유를 찾기는 어렵지 않습니다. 몇 차례의 뺄셈을 통해서 확인할 수 있으니까요.

10명으로 이루어진 공동체가 있다면 그 가운데 6명이 작당해서 4명을 제거할 수 있습니다. 또 남은 6명 가운데 4명이 짜고 2명을 제거할 수 있죠. 더 나아가서 4명 가운데 3명이 짜고 1명을 제거할 수 있습니다. 마침내 3명 가운데 2명이 다수결로 1명을 제거합니다. 마지막에는 남은 2명 사이의 싸움이 벌어지겠지요. 결국 다수결의 원리에 의해서 공동체 전체가 와해될 수 있다는 말입니다. 그래서 다수결의 원칙을 절대시하면 공동체의 해체와 자기 몰락의 위험이 따라올 수 있습니다. 그것이 절대화될 때 합법적인 야만의 길이 열립니다.

대표적인 사례가 독일 바이마르공화국에서 일어난 히틀러의 집권입니다. 제일차세계대전 패전 후 수립된 바이마르

공화국(1919~1933)은 전후의 사회, 정치 문제에 대처하는 데 무력했습니다. 의회는 난상(亂想) 토론장에 불과했지요. 정치에 환멸을 느낀 사람들이 과격파의 주장에 관심을 돌린 것은 당연합니다. 이런 상황에서 히틀러는 1921년 나치스당(국가사회주의독일노동자당, NSDAP)의 당수가 되었고, 베르사유조약 파기, 반유대주의, 은행 국유화, 자본가와 유대인의 재산 몰수 등을 내걸고 입지를 넓혀갔습니다. 1932년 선거에서 히틀러의 나치스당은 사회당, 공산당, 민족주의 진영 등을 누르고 다수당이 되었고, 1933년 1월 히틀러는 수상에 임명되었습니다. 그의 수상 임명이 무엇을 뜻하는지 아는 사람은 거의 없었습니다. 그를 임명한 대통령 힌덴부르크조차도. 오직 한 사람, 루덴도르프 장군만이 대통령에게 이런 편지를 남겼습니다. "당신은 우리의 위대한 조국을 이 세대의 가장 선동적인 정치가에게 넘겨주고 말았습니다."• 혼돈의 공화국이 선동가의 손에 넘어간 것입니다. 그의 집권 이후 민주적인 제도들은 하나하나 자취를 감추었습니다. 그렇게 민주적으로, 합법적으로 민주정이 폐지되었습니다.

이런 합법적인 다수결에 의한 폭력을 막을 방법은 없을까요? 한 가지 방법이 있습니다. 바로 결정에 참여하는 시민들의 판단 역량을 높이는 것이겠죠. 이것이 민주정의 시대에

• 마틴 키친, 『케임브리지 독일사』, 유정희 옮김, 시공사, 2001, 293쪽.

서 혼란을 겪은 소크라테스의 의도였다고 생각합니다. 소크라테스는 시민의 판단 역량을 키움으로써 합법성과 옳은 것 사이에 간극을 좁히려 했습니다. 그 일은 대중의 마음을 얻기에 급급한 어떤 정치가도 관심을 두지 않았던 일이고 그 것은 지금도 마찬가지입니다. 그러니까 소크라테스가 참된 정치를 하는 사람이 자기가 유일하다고 말도 반박하기는 어렵습니다.

소크라테스의 삶과 죽음을 이렇게 정리할 수 있습니다. '소크라테스의 삶과 철학은 합법적인 것과 옳은 것 사이의 간극을 메워서 둘을 일치시키려고 하는 노력이었다. 소크라테스의 죽음은 그 둘 사이의 간극에서 빚어질 수 있는 파국을 보여주는 하나의 사례였다.'라고 말입니다.

이 파국이 소크라테스에게만 닥쳤을까요? 소크라테스를 죽인 사람들, 소크라테스를 법정에 세워서 그를 처단했던 사람들의 운명은 어땠을까요? 귀찮은 소크라테스를 제거했다고 마음이 편했을까요? 그들은 소크라테스의 죽음에 환호했을 것입니다. 하지만 그 기쁨은 오래가지 않았습니다. 소크라테스를 고소한 멜레토스는 사형을 당했고 다른 자들도 다수결의 원리에 의해서 추방되었습니다. 이들을 쫓아내고 죽인 뒤 많은 아테나이인은 오히려 소크라테스를 다시 추앙하기 시작했다고 합니다.

지금까지 세 장에 걸쳐서 소크라테스 철학과 그 의미에 대해서 살펴보았습니다. 그의 재판과 죽음이 남긴 질문, 그리

고 합법적인 것과 옳은 것 사이의 간극에 대해서도 이야기
했습니다.

　다음 장부터는 소크라테스 철학의 문제의식이 어떻게 플
라톤을 거쳐서 이어지는지 살펴보려고 합니다.

2 ─플라톤, 보이는 것 너머 보이지 않는 진리를 찾다─

Platon
BC 427 ~ BC 347

병든 세상을 구원할
정의와 철학

4장

상처받은 영혼의 철학

플라톤(기원전 427~347)은 스무 살에 소크라테스를 만나 철학에 관심을 가지게 되었습니다. 그리고 스물일곱 살에 소크라테스의 죽음을 겪은 뒤 평생 철학에 전념하기로 결심했습니다. 그의 과제는 소크라테스가 이루려고 했던 것과 똑같았습니다. 무너진 도덕적 질서를 바로 세우는 것이었죠. 하지만 목표가 같아도 소크라테스와 플라톤의 철학 방향은 전혀 다릅니다.

소크라테스는 평범한 삶의 문제에서 출발해서 일상적인 대화 방식을 통해 시민의 반성과 판단 역량을 키우는 데 관심을 두었습니다. 반면에 플라톤은 세계와 인간 전체에 대한 아주 광대하고 체계적인 철학을 펼쳤죠. 현실 문제를 다루는데 있어서 소크라테스보다 더 깊고 넓은 차원에서 철학적인 문제를 다뤘던 셈입니다. 철학사에 잘 알려진 이데아론, 영혼론, 정의론, 국가론 등이 그 방대한 체계의 일부입니다.

그의 철학은 매우 방대하지만 그 배경에는 한 가지 원초적 경험이 놓여 있습니다. 그 시대의 절망으로 상처받은 영혼이 보이지 않는 것들에 대한 열망을 통해서 이루어낸 철학이 바로 플라톤의 철학이라고 할 수 있습니다. 이 열망은 두 가지 맥락에서 생겨난 것이죠. 하나는 보이는 현실에 대한 환멸이었고, 다른 하나는 현실 너머의 보이지 않는 진리에 대한 확신이었습니다.

플라톤의 결심

플라톤은 불우한 유년기와 청소년기를 보냈습니다. 집안이 가난해서 불우했던 것이 아닙니다. 그는 최고의 명문가 출신이었습니다. 중하층의 석공 집안에서 태어난 소크라테스와는 달랐습니다. 하지만 집안이 좋아도 플라톤은 행복하지 않았습니다. 꿈을 이룰 수 없었기 때문이죠. 플라톤이 가졌던 꿈은 당시의 명문가 출신들이 가졌던 것과 똑같았습니다. 정치가가 되는 것이었죠. 하지만 그가 태어나기 몇 년 전에 발발한 펠로폰네소스 전쟁의 정치적 격변 속에서 플라톤은 정치가의 꿈을 펼치기 어려웠습니다. 소크라테스를 만나 철학에 관심을 돌렸지만 몇 해 뒤 플라톤은 더 깊은 상처를 겪었습니다. 바로 스승의 죽

『국가』 7권에 나오는 '동굴의 비유'에는 플라톤 철학의 모든 것이 담겨 있다고 해도 지나친 말이 아니다. 플라톤은 특히 이 비유를 통해 철학자가 거쳐야 할 진리를 알기 위한 '오르막길'과 진리를 실현하기 위한 '내리막길'에 대해 이야기한다.

음입니다. 그 시대에 가장 정의롭다고 생각했던 소크라테스의 죽음은 그에게 평생의 트라우마를 남겼습니다. 그런 점에서 플라톤의 철학은 '상처받은 영혼의 철학'이라고 말할 수 있습니다.

플라톤은 일흔 살이 넘어 자신의 젊은 시절을 회고하면서 편지를 썼는데, 이 편지에 담긴 한 대목이 젊은 시절 플라톤의 절절한 마음을 전해주고 있습니다. 플라톤은 그 시대의 상황을 이렇게 전합니다.

"우리의 나라는 이미 조상들의 관습과 풍속에 따라 운영되지 않았고 손쉽게 새로운 동지들을 얻는 것은 불가능한 일이었소. 성문화된 법률과 관습도 타락하고 있었으니 그 진행 속도는 놀라울 정도였지요."(『편지들』, 325d) •

20대를 회고하는 편지에 담긴 플라톤의 탄식입니다. 절망스러운 현실에서 등을 돌렸을 때 아무 희망의 이유도 찾을 수 없었다면 제아무리 플라톤이라고 해도 절망의 늪에서 빠져나오기 어려웠을 겁니다. 그는 아마도 심각한 우울증에 시달렸을 것으로 보입니다. 하지만 다행히 플라톤에게 새로운 세계가 눈에 들어왔습니다. 바로 수학적 진리의 세계였습니다.

• 　플라톤, 『편지들』, 강철웅·김주일·이정호 옮김, 아카넷 2021, 66쪽 참조.

플라톤은 소크라테스가 죽은 뒤 고향을 떠나 이곳저곳을 여행하였습니다. 그러다 남부 이탈리아를 방문하였는데, 그곳에서 피타고라스를 따르는 사람들을 만나게 되었습니다. 이 사람들이 누구인지는 독자 여러분도 아시죠? 이들은 수학을 통해서 세상을 설명했던 사람들입니다. 피타고라스학파와의 만남은 절망스러운 현실 앞에서 실의에 잠겨 있던 플라톤에게는 구원과 같은 체험이었습니다. 수학의 세계를 발견함으로써 시간과 공간을 넘어 영원히 불변하는 진리의 세계가 존재한다는 것을 확신하게 되었기 때문이죠. 2000년 뒤 유럽에서도 비슷한 일이 되풀이되었습니다. 근대 유럽의 바로크 시대에 30년 전쟁의 혼란을 겪었던 많은 지식인도 수학에서 구원의 빛을 찾으려고 했습니다.

시켈리아 여행에서 피타고라스학파를 만나고 돌아온 플라톤은 '아카데미아'를 설립한 뒤 젊은 사람들을 모아 교육하기 시작했습니다. '새로운 철학의 장소'가 열린 겁니다. 철학의 장소가 아고라에서 아카데미아로 바뀐 것은 매우 의미심장한 변화입니다. 소크라테스가 아고라에서 시민들의 반성 능력과 정치적 의식을 고양시키는 데 철학의 목적을 두었다면, 플라톤은 아카데미아를 세워 미래 세대를 교육하는 일에 나선 것입니다. 그는 더 이상 기성세대에 희망을 걸 수 없었던 것이죠.

플라톤이 세운 아카데미아의 출입구에는 이런 글귀가 새겨져 있었다고 합니다.

우리나라 말로 옮기면 "기하학을 모르는 사람은 들어오게 하지 마라."입니다 플라톤 철학의 방향과 이념을 잘 보여주는 문구라고 할 수 있습니다.

플라톤 철학과 동의어처럼 사용되는 이데아론은 바로 수학적 진리에 대한 확신 속에서 잉태된 것입니다. 이데아론에 대해서 한 번쯤 들어보신 적이 있을 겁니다. 플라톤 특유의 철학 이론이기에 어렵다고 생각하시겠지만 실제로 낱말의 의미를 따라서 한 걸음 한 걸음씩 따라가기 때문에 그렇게 어려운 이론은 아닙니다.

수학의 세계에서 구원을 찾다

'이데아'라고 하는 낱말은 고대 그리스의 일상어에서 눈에 보이는 '외형', '형태', '모습' 등을 뜻합니다. 보이는 것 중에는 아름다운 형태가 있고 흉측한 형태가 있죠. 사람의 모습은 짐승의 모습과 다릅니다. 이 모든 것을 그리스인들은 '이데아'라고 불렀습니다. 예를 들어 아리스토텔레스는 『동물발생론(De generatione animalium)』에서 "사내들의 경우 한 부분이 거세되면 처음 형태가 크게 변화해서 여성의 겉모습에 아주 가까워지는 것을 볼 수 있다."라고 말하는데, 여기서 '겉모습'에 해당하는 낱말이 '이데아'입니다. 하지만 플라톤은 철학자답게 이데아의 일상적인 의미를 바꿔놓습니다.

　플라톤은 이데아를 신체의 눈에 보이는 것이 아니라 영혼의 눈에 보이는 것을 가리키는 말로 바꾸어 사용합니다. 그래서 '이데아'는 눈에 보이는 '감각적 형태'가 아니라 지성 또는 이성을 통해 파악할 수 있는 '정신적 형태'를 뜻하게 됩니다. 이런 비례식을 떠올리면 쉽게 이해하실 수 있을 겁니다. '신체:눈:감각적 형태=영혼:정신:정신적 형태' 우리 몸에는 눈이 있어서 이 눈으로 사물을 봅니다. 감각적 형태가 우리의 시야에 들어오겠죠. 마찬가지로 우리 영혼에는 지성이 있어서 이를 통해 파악할 수 있는 대상이 있는데 이것이 바로 플라톤이 말하는 이데아입니다.

　우리에게 잘 알려진 한 가지 사례를 통해서 살펴볼까요? 이를 통해 이데아론이 수학적 정신에 의해 잉태되었다는 말이 무슨 뜻인지 쉽게 이해하실 수 있을 겁니다. 임의의 직각삼각형에서 빗변의 길이를 c, 다른 두 변의 길이를 a와 b라고 할 때 $a^2+b^2=c^2$가 성립한다는 것이 피타고라스의 정리입니다. 이 정리를 증명하는 방법은 여러 가지입니다. 가능한 증명 방법이 400개가 넘는다고 하지요. 그중에 가장 잘 알려진 방법은 직각삼각형의 세 변 a, b, c를 변으로 하는 세 개의 정사각형을 그려서 이들의 크기를 비교하는 것입니다. 그러면 $a^2+b^2=c^2$이 성립하는 것을 증명할 수 있습니다.

　다른 증명에서도 이와 마찬가지로 도형을 그리고 작도를

해서 기하학적인 정리를 증명할 수 있습니다. 하지만 증명을 위해 사용된 그림 속의 사각형이나 삼각형이 진짜 삼각형이나 사각형일까요? 거기에 사용된 각, 직선, 정사각형 등은 '각', '직선', '정사각형'의 정의에 꼭 맞는 진짜가 아닙니다. 직선만 하더라도 '두 점 사이의 최단 거리를 이루는 선'●에 대응하는 직선을 우리는 그릴 수 없습니다. 피타고라스 정리의 증명에 사용된 도형들은 불완전할 뿐만 아니라 지우면 사라져 버립니다. 그래서 우리가 피타고라스의 정리를 증명하기 위해서 칠판이나 종이에 그린 기하학적 도형들은 모두 진짜 '각', 진짜 '직선', 진짜 '삼각형', 진짜 '사각형'이 아니고 그것들의 불완전한 모방에 불과하다고 말할 수밖에 없습니다.

똑같은 사실을 달리 이렇게 말할 수도 있습니다. 종이 위에 삼각형은 연필이나 분필로 그린 것이고 그런 점에서 감각적인 것, 눈에 보이는 것들입니다. '감각적'이고 '물질적'인 것이라고 부를 수 있겠죠. 지우면 사라져버리기 때문에 '소멸 가능'합니다. '직각'이나 '예각'이라고 가정하고 그렸기 때문에 '불완전'합니다. 하지만 이런 불완전한 그림을 통해서 우리가 머릿속에 생각하고 있는 것은 직선이나 각의 정의에 완전히 부합하는 원형의 삼각형, 원형의 사각형이겠죠.

● 직선에 대한 유클리드 기하학의 정의는 "그 자신 위의 점들과 균등하게 놓인 것"이다. 유클리드, 『유클리드 원본』, 박병하, 아카넷 2022, 9쪽.

우리가 그린 삼각형, 사각형은 그것들의 불완전한 모방물에 불과합니다.

하지만 '진짜 삼각형', '진짜 사각형', '진짜 직선', '진짜 원' 등은 우리 눈에 보이지 않습니다. 오로지 지성의 눈을 통해서만 파악할 수 있을 뿐이죠. 그것들은 물질적인 것이 아닙니다. 연필이나 분필을 통해서나 그 밖의 다른 물질적인 수단을 통해서 그려진 것도 아닙니다. 그것은 소멸하지 않습니다. 그리고 완전하죠. 그런 점에서 우리가 눈으로 보는 삼각형이나 사각형보다 '원형'이라고 말할 수 있습니다. 칠판 위에 삼각형이 있다면 그런 삼각형의 원형이 되는 삼각형이 우리의 지성을 통해서 파악되는 삼각형입니다. 그 둘 사이는 모방물과 원형의 관계에 있습니다. 플라톤은 이와 같이 우리 눈으로 보이는 감각물이 모방물이라면 그것의 원형이 되는 '이데아'가 있다고 생각했던 것입니다.

이데아란 무엇인가?

한 걸음 더 나아가 봅시다. 수학적인 대상에서 범위를 넓혀 감각 세계에 있는 것들로 눈을 돌려봅시다. 우리 주변을 돌아보면 아름다운 것들이 많이 있습니다. 눈 속에 핀 장미꽃도 있고, 오드리 햅번의 사진도 있고, 또 명품 시계도 있고…… 모두 아름답죠. 그런데 이 아름다운 것들은 언젠가는 다 사라져버릴 수밖에 없습니다.

장미꽃은 며칠 지나면 시들어버리고, 오드리 햅번은 이미 세상을 떠났으며, 제아무리 좋은 명품 시계라고 하더라도 오랜 시간이 지나면 작동을 멈추고 폐품이 되어버리고 말 것입니다. 이 아름다운 것들은 모두 지워지는 기하학적 도형과 같습니다.

플라톤의 관점에서 본다면 이렇게 아름다운 것들이 '아름답다.'라고 불릴 수 있는 이유는 그것들이 모두 아름다움이라고 하는 성질을 공유하기 때문입니다. 하지만 그중 어느 것도 모든 측면에서 언제나 아름답지는 않지요. 아름답긴 하지만 불완전하게 아름다운 것들입니다. 우리 눈에 보이는 것들이 이렇게 불안전한 상태로 아름다운 성질을 공유하고 있는 까닭은 아름다움의 이데아가 원형으로 있고 아름다운 것들이 그것의 일부를 갖기 때문입니다. 모든 아름다운 것들은 아름다움이라는 이데아의 일부를 갖기 때문에 아름답다고 불립니다. 이 관계를 플라톤은 '관여' 혹은 '분유'라고 부릅니다. '분유'에 해당하는 영어의 'participation'은 '부분(pars)을 취하다(capere).'라는 라틴어 어원을 갖고 있지요. 우리 눈에 보이는 아름다운 것들이란 아름다움 자체의 부분을 취했다는 것입니다. 이런 점을 염두에 두고 플라톤은 자신의 이데아론을 이렇게 요약합니다.

"아름다운 어떤 것이 그 자체로서 존재하고 좋은 어떤 것과 큰 어떤 것과 그 밖의 모든 것이 그 자체로서 존재한다."(『파이

돈』, 100b)•

"만약에 아름다움 자체 이외에 다른 어떤 아름다운 것이 있다면 그것이 저 아름다움 자체를 분유하기 때문일 뿐 그 밖의 다른 어떤 아름다운 것 때문이 아니다."(『파이돈』, 100c)••

그렇다면 이런 이데아들은 도대체 어디에 있는 것일까요? 또 다른 구절을 인용해 봅시다.

"지상의 시인 가운데 어느 누구도 지금껏 천궁 위의 구역을 찬양한 적이 없고 앞으로도 그에 합당한 찬양을 하지 못할 걸세. (……) 색깔도 없고 모양도 없으며 만질 수도 없는 실체가 참으로 있는 것이니 그것은 오로지 영혼의 인도자 지성에게만 보이고 참된 인식의 부류와 짝하는데 그런 것이 그 구역을 차지한다네."(『파이드로스』, 247c)•••

이데아가 물질적인 것이 아니라면 당연히 그것은 물질 세

• 플라톤, 『파이돈』, 전헌상 옮김, 아카넷 2020, 117쪽 참조. 이후 '전헌상 옮김, 『파이돈』'으로 인용.
•• '전헌상 옮김, 『파이돈』', 118쪽 참조.
••• 플라톤, 『파이드로스』, 조대호 옮김, 문예출판사 2016, 63~64쪽. 이후 '조대호 옮김, 『파이드로스』'로 인용.

상에는 있지 않겠죠. 물질 세상에 있지 않다는 것은 곧 시간과 공간을 벗어나 있다는 말입니다. 이렇게 시간과 공간을 벗어난 이데아의 세계는 시인이 상상하는 것도 아니고, 과학자가 상상하는 것도 아니고, 오직 철학자의 상상을 통해서만 파악할 수 있는 세계입니다. "지상의 시인 가운데 어느 누구도 지금껏 천궁 위의 구역을 찬양한 적이 없고 앞으로도 그에 합당한 찬양을 하지 못할 걸세."라는 말이 그런 뜻입니다. 시간과 공간의 물리적 세계를 넘어선 구역, 천궁 위의 구역이 이데아의 세계라는 거죠. 이데아 세계에 있는 이데아는 "색깔도 없고 모양도 없고 만질 수도 없는 실체"입니다. 하지만 이것만이 "참으로 있는 것"입니다. 물질적인 것들은 항상 "있는 것"이 아니라 "있다가 없게 되고 없다가 있게 되는 것"이니까요. 물론 우리의 눈에 보이는 것들은 이렇게 있음과 없음 사이를 오락가락하는 것들뿐이지요. 하지만 "영혼의 인도자인 지성"은 그런 것들을 넘어서 "참으로 있는 것"을 볼 수 있고 "참된 인식"을 얻을 수 있습니다.

플라톤이 이데아의 세계를 소개하는 이 구절에서 한 가지 눈에 띄는 점이 있습니다. '지상의 시인'에 대한 언급입니다. 지상의 어느 시인도 그 세계를 찬양한 적이 없고 찬양할 수 없으리라는 말입니다. 소크라테스가 시인들과 펼쳤던 지혜의 대결을 다시 기억해 보세요. 플라톤의 의도가 노골적으로 드러나지요? 그는 시와 철학의 관계를 경쟁 관계로 파악했고 당대 시문학이 담당했던 교육적인 역할을 철학의 일로 바꾸려고 했습니다. 많은 사람이 시인의 시구를 암송하면서 그것들을 삶의 지표로 삼았다면, 플라톤은 그에 맞서 이데아의 세계를 사람들에게 제시해 줌으로써 이 세계를 삶의 지표로 삼게 하려고 했던 것이죠.•

동굴의 비유

눈에 보이는 현실로부터 정신의 세계로 눈을 돌린 플라톤을 비판하는 철학자들이 많습니다. 현실 세계에서 도피했다는 이유 때문이죠. 대표적으로 니체가 플라톤을 비판하는 철학자입니다. 니체는 플라톤을 아주 싫어했습니다. 그는 "현실 앞에서 비겁했고 그래서 이상으로 도망쳤다."라고 플라톤을 비난했습니다. 친구인 오버백에게 쓴 편지(1887.1.9)에는 이런 혹평도 남겼습니다. "도덕의 이름으로 모든 사실적인 것을 기만하는 일이 거기에 만개한 모습으로 들어 있다. 연민에 가득한 심리학, '시골 목사' 수준으로 쪼그라든 철학자. 그리고 그 모든 것에 대한 책임은 플라톤에게 있다! 그는 유럽의 초대형 악재다!" 과연 니체의 평가는 얼마나 적절한 것일까요?

물론 플라톤에 대한 니체의 비판에는 수긍할 만한 점이 있

• 서사시의 상상 세계를 전복하려는 플라톤의 시도에 대해서는 조대호, 『『일리아스』, 호메로스의 상상 세계』, 그린비 2021, 12쪽 이하 참조.

습니다. 니체의 말대로 플라톤은 현실에 절망했고 절망스러운 현실로부터 눈을 돌림으로써 천궁 위의 영역에서 이데아 세계를 상상해 냈습니다. 그러니 플라톤의 철학을 두고 '현실 도피적'이라고 말할 수도 있겠지요. 하지만 저는 플라톤의 이데아론을 '현실에 대한 형이상학적 복수'라고 부르고 싶습니다. 진정한 복수는 복수 대상의 존재를 지워버리는 것 아니겠어요? 플라톤은 이데아론이라고 하는 형이상학적 이론을 통해서 현실의 실재성을 빼앗아버린 것이죠. 그러니 플라톤의 이데아론이 경험적 세계에 대한 형이상학적인 복수는 아닐까요?

어쨌건 플라톤에게 있어 이데아론은 '현실을 외면하는' 형이상학적 도피 수단이 아니었던 것은 분명합니다. 이렇게 장담할 수 있는 근거를 저는 플라톤의 '동굴의 비유'에서 찾습니다. 이 비유를 보면 플라톤 철학의 의도가 단순히 먼 형이상학적인 세계를 상상하고 그곳으로 도피하는 데 있는 것이 아니라 상상을 통해서 현실을 바꾸는 데 있다는 것을 확인할 수 있습니다.

동굴의 비유는 이렇습니다.• 플라톤은 『국가』에서 어릴 적부터 몸이 결박되어 동굴에 갇혀 있는 사람들의 이야기를 전해줍니다. 땅속 깊은 곳에 아주 넓은 동굴이 있습니다. 이

• 『국가』 Ⅶ 514a 이하 참조. 플라톤, 『국가정체』, 박종현 옮김, 서광사 2005, 448쪽 이하 참조. 이후 '박종현 옮김, 『국가정체』로 인용.

동굴의 안쪽에는 죄수들이 태어날 때부터 쇠사슬에 묶여 시선을 앞면을 향해 고정한 채 앉아 있습니다. 이들은 꽉 묶여 있어 움직일 수도 뒤를 돌아볼 수도 없습니다. 죄수들 뒤에는 가슴 높이의 담장이 있고 그 뒤에는 사람들이 오락가락하면서 물건을 옮깁니다. 이 사람들이 옮기는 것들은 사람이나 동물 등 우리가 보는 자연물의 인형들이에요. 그리고 뒤에 불빛이 타오르고 있습니다. 당연히 벽 뒤의 사람들이 옮기는 인형의 모습이 죄수들이 앉아 있는 동굴 벽면에 비춰서 그림자가 만들어지겠죠. 이 그림자는 가짜입니다. 하지만 동굴 속의 사람들은 그림자를 진짜로 알아요. 그림자밖에 본 적이 없기 때문이지요. 이들의 처지는 그림자극을 보는 아이들과 비슷합니다. 인형 자체가 진짜 사물을 모방한 가짜인데, 가짜인 인형의 그림자가 또다시 벽에 비쳐서 사람들 눈에 들어오니까 사람들이 실제로 보는 것은 가짜의 가짜를 보는 것이죠. 사람들은 이 사실을 모르고 마치 어린아이들이 그림자극에 빠져들 듯 가짜의 세계를 진짜로 알고 거기에 빠져듭니다. 가짜 세계에서 자기들이 보는 것들을 놓고 다툼을 벌이기도 하지요.

그러던 중에 한 사람이 사슬에서 풀려나 동굴 입구 쪽으로 나가게 됩니다. 그는 가파른 길을 올라서 드디어 동굴 밖으로 나갑니다. 동굴 밖의 세계는 진짜 세계임에도 불구하고 어둠의 세계에 익숙한 자에게는 매우 생소하겠죠. 적응이 필요합니다. 그는 그림자나 물에 비친 영상을 보고 난 뒤에야

비로소 진짜 자연물들을 알아볼 수 있습니다. 드디어 태양도 볼 수 있게 되겠죠. 하지만 이 모든 일에는 긴 적응의 시간이 필요합니다. 시간이 지나면서 새롭게 적응한 세계는 그에게 큰 행복감을 가져다줄 겁니다. '나는 여기에 머물고 싶다!'라는 마음이 절로 들겠죠.

하지만 동굴 밖의 세계를 경험한 사람은 다시 동굴 속의 동료를 생각하게 됩니다. 그들에 대한 연민이 생깁니다. 그는 발길을 동굴 속으로 돌리지요. 동굴로 돌아와 동굴 밖의 세계에 관해 이야기하는 그를 사람들이 환영해 줄까요? 아마도 그렇지 않을 겁니다. 그가 다시 동굴에 들어가면 눈이 잘 보이지 않아서 어리바리한 상태일 텐데, 그렇게 서툰 움직임으로 다른 세상에 관해 이야기하는 사람을 누가 믿어줄까요? 동굴 안에 있어서 어둠에 익숙한 사람들이 보기에는 '이 자가 밖에 나갔다 오더니 정신이 돌았네!'라고 생각할 수밖에 없겠죠. 그런데도 자꾸 동굴 밖의 세계에 대해서 말하면 동굴 안에 있는 사람들은 짜증이 날 겁니다. 그러다 짜증이 증오로 바뀌고 마침내 그를 잡아 죽일지도 모릅니다.

형이상학의 오르막길과 정치의 내리막길

동굴의 비유는 하나의 알레고리입니다. 그리스어 '알레고리아(allēgoria)'는 본래 '다른 것들 (alla)을 말한다(legein).'라는 뜻이죠. 즉 하나의 이야기를 통해서 그 안에 숨겨진 다른 이야기를 한다는 것이 바로 '알레고리'의 본래 말뜻입니다. 동굴의 비유는 세상을 보이는 세계와 보이지 않는 세계로 나누는 플라톤의 사고방식, 즉 있는 것들이 얼마나 여러 단계에 걸쳐 있는지, 그에 대응해서 우리의 앎의 단계가 어떻게 나뉠 수 있는지에 대한 생각들을 보여줍니다. 더 근본적인 것은 바로 이 동굴의 비유를 통해서 우리 인간이 처한 근본 조건에 관해 얘기한다는 것이죠.

인간은 어둠의 세계, 가상의 세계에 붙잡혀 있습니다. 하지만 가상에서 벗어나서 원형의 세계, 이데아의 세계로 올라갈 가능성이 있다, 즉 지적인 상승의 가능성이 있다는 얘기입니다. 많은 사람이 동굴에 비유에서 이런 상승의 이미지만을 바라보는데, 동굴에 비유에서 '상승의 이야기'와 똑같이 중요한 것은 '하강의 이야기'입니다. 이 상승과 하강의 두 가지 과정이 바로 플라톤 철학의 양면성을 보여주기 때문입니다.

상승을 '형이상학적 운동'이라고 불러봅시다. 이 운동은 가짜인 현실로부터 가파른 오르막길을 올라 이데아 세계에 이르는 길이기 때문이죠. 그렇다면 동굴 밖을 경험한 사람이 동굴 안으로 다시 내려오는 하강은 '정치적 운동'이라고 부를 수 있습니다. 왜냐하면 동굴 밖의 세계에서 본 진리를 동굴 안에 있는 사람들에게 알리고 깨우쳐서 그들을 어둠의 세계에서 빛의 세계로 옮겨가는 과정이기 때문이죠.

누군가는 이렇게 질문할지 모르겠습니다. '왜 이데아의 세계를 깨달은 사람이 다시 동굴 속으로 들어갈까? 나 같으면 안 들어갈 거야.' 많은 플라톤 연구자들도 이 이유를 놓고 논쟁을 벌입니다. 동굴 밖의 세계를 경험한 사람이 다시 동굴 속으로 내려가는 이유를 설명할 수 있을까? 하지만 저는 그 이유가 분명하다고 생각합니다.

동굴 밖의 세계를 경험한 사람이 동굴 속으로 다시 내려가는 것이 어둠 속에 사는 동료에 대한 '연민' 탓일 수도 있습니다. 하지만 그를 동굴 속으로 내려가게 하는 더 큰 힘은 진리의 힘입니다. 이렇게 생각해 보면 간단합니다. 새로운 기술을 찾아낸 사람을 상상해 보세요. 그 사람은 자신의 기술을 실제로 시험해 보고 싶어 안달이 날 겁니다. 어떻게든 펀딩을 받아서 기술을 실현해 보고 싶은 마음이 간절합니다. 법적인 규제도 그의 열망을 가로막지 못하겠지요. 이데아의 진리를 알게 된 사람도 마찬가지겠죠. 자기가 새롭게 깨달은 진리를 실현하고 싶은 의지가 진리에 대한 앎과 함께 작동함으로써 이 사람을 다시 어두운 동굴로 내려가도록 만드는 거죠. 바로 이런 진리의 힘, 진리에 대한 의지가 그를 움직입니다. 그를 움직이는 것은 외부의 강제력이 아니라 내적인 강제력, 필연성입니다. 그런 점에서 동굴의 비유 속 상승과 하강의 이야기는 플라톤 철학의 양면성, 즉 '정치적 형이상학'의 성격 혹은 '형이상학적 정치학'의 성격을 보여줍니다. 그러니 어떻게 니체가 비판한 대로 플라톤의 이데아론을 '이상 세계로의 도피'라고 단정할 수 있겠습니까? 앞으로 그의 정치 철학을 살펴보면 이 점이 더욱더 분명히 드러날 거라고 생각합니다.

플라톤 철학에 대한 첫 강의에서 이데아론과 동굴의 비유를 통해 그의 철학이 갖는 양면성, 즉 형이상학적 성격과 정치적 성격을 살펴보았습니다. 이 철학은 절망의 시대에 상처 입은 영혼이 보이지 않는 세계의 진리를 열망하면서 탄생한 겁니다. 다음 장에서는 이런 이중적 성격이 플라톤의 인간론에서 어떻게 드러나는지 더 이야기해 보기로 하겠습니다.

5장

인간의 본성

철학이 다루는 문제는 많습니다. 철학은 '문제가 많은 학문', '물음을 달고 다니는 학문'이라고 해도 지나친 말이 아니죠. 무엇이 존재하는가? 우리는 무엇을 알 수 있는가? 무엇이 좋은가?…… 철학에서는 이것을 각각 형이상학의 문제, 인식론의 문제, 윤리학의 문제라고 부릅니다. 하지만 이 모든 문제에 앞서 중요한 것은 역시 우리 자신의 문제이겠죠. 바로 '인간이란 무엇인가?'라는 물음입니다. 존재에 대해서 이야기하건, 앎에 대해서 이야기하건, 좋은 것에 대해서 하건 바로 우리 자신의 존재, 우리 자신의 앎, 우리 자신에게 좋은 것에서 모든 논의가 출발할 수밖에 없기 때문입니다. 그래서 인간에 대한 물음은 모든 철학적인 물음에 선행하는 물음이라고 말할 수 있습니다.

독일의 철학자 칸트(1724~1804)가 이를 가장 분명하게 밝힌 사람입니다. 그는 철학의 물음을 셋으로 나눴습니다. '나는 무엇을 알 수 있는가?', '나는 무엇을 해야 하는가?', '나는 무엇을 바라고 있는가?'* 칸트는 이들을 각각 인식론, 윤리학, 종교의 물음으로 보았습니다. 그에 따르면 그 모든 질문은 하나로 수렴되는데 바로 '인간이란 무엇인가?'라는 물음이었습니다.

플라톤은 인간에 대해 가장 오래되고 체계적인 논의를 펼친 사람입니다. 플라톤 인간론의 핵심은 두 가지 주장에 있습니다. 하나는 영혼과 육체가 서로 이질적인 성질을 갖는 존재라고 하는 뜻에서 '영혼과 육체의 이원론'이고요. 다른 하나는 영혼에는 여러 부분이 있는데, 이 여러 부분이 서로 다른 기능을 담당한다고 주장하는 '영혼 삼분설'입니다. 이번 강의에서는 이 두 이론을 중심으로 플라톤의 인간관을 소개하려고 합니다.

영혼과 육체는 다르다

영혼과 육체의 이원론은 이데아

---

* I. Kant, Logik, Physischen Geographie, Pädagigik, Kant's gesammelte Schriften, Bd. IX, hrsg. v. Königlich Preußischen Akademie der Wissenschaften, Berlin/Leibzig 1923, 25쪽.

플라톤은 『파이드로스』에서 인간의 영혼을 한 사람의 마부와 두 마리의 말이 끄는 마차에 비유한다. 마부와 말들은 각각 영혼의 인도자인 이성, 이성의 보조자인 기개, 마차를 끌고 갈 힘이 있지만 이성을 따르지 않아 마차의 운행을 어렵게 하는 욕구를 상징한다.

론을 인간의 존재에 적용한 결과라고 볼 수 있습니다. 여러분도 기억하시겠지만 이데아론의 핵심은 진짜로 있는 것과 가짜로 있는 것, 눈에 보이는 것과 눈에 보이지 않는 것을 나누는 데 있습니다. 이렇듯 보이는 세계와 보이지 않는 세계, 물질적인 것과 비물질적인 것을 나누는 입장을 철학에서는 '이원론'이라고 부릅니다. 이 개념이 다소 어렵게 들릴 수도 있지만 일상에서도 이원론적인 관점을 전제해서 주변 사물을 대한다는 것을 알 수 있습니다.

물을 예로 들어볼까요? 물이 H_2O라는 분자식으로 표현된다는 것을 우리 모두 알고 있습니다. 물은 산소와 수소로 이루어집니다. 하지만 그것만으로는 물이 될 수 없습니다. 산소와 수소 이외에 1:2의 비율이 물질적인 것 안에 들어가서 물이 되기 때문입니다. 이렇게 물이라고 하는 분자에서도 수소와 산소와 같은 물질적인 것과 그것들의 수적인 결합의 질서라고 하는 비물질적인 것이 하나로 통일되어 있습니다. 이렇게 물을 두 가지 이질적인 원리들의 합으로 보는 것이 '이원론'이라고 생각하면 그 의미를 쉽게 이해할 수 있습니다. 플라톤은 이러한 관점에서 인간 역시 눈에 보이는 육체와 눈에 보이지 않는 영혼, 이 두 가지의 이질적인 원리로 이루어져 있다고 봤습니다. 이로부터 인간에 대한 여러 가지 주장이 따라나오게 됩니다.

첫째는 영혼의 불멸성입니다. 모든 물질적인 것은 소멸합니다. 육체도 물질적인 것이기 때문에 소멸할 수밖에 없죠.

이것은 인간이라면 누구나 경험하는 사실입니다. 하지만 플라톤에 따르면 육체와 결합되어 있는 영혼은 다릅니다. 영혼은 비록 물질적인 것 안에 있지만 그 자체는 비물질적인 것이고 그런 점에서 이데아를 닮은 것이기 때문에 불멸한다고 보았습니다.

이로부터 죽음에 대한 새로운 생각이 따라나옵니다. 영혼이 불멸한다면 죽음은 삶의 끝이 아니겠죠. 플라톤은 이런 뜻에서 죽음을 '육체로부터 영혼의 해방'이자 '분리'라고 정의합니다. 그에 따르면 죽음은 두려워할 것이 아니라 오히려 반길 만한 것입니다. 영혼은 죽음을 통해 자신을 가두고 있었던 감옥 같은 육체에서 벗어나 해방된 삶을 살게 해주니까요. 죽음은 육체에게는 삶의 끝이지만 영혼에게는 새로운 삶의 시작인 것입니다. 플라톤은 소크라테스 최후의 대화를 담은『파이돈』에서 감옥을 찾아와 자신의 죽음을 슬퍼하는 친구들에게 '소크라테스'의 입을 빌려 이렇게 죽음을 정의합니다.

"그러니까 '죽음'이라고 불리는 것은 이것, 즉 육체로부터 영혼의 해방과 분리가 아니겠나?"(『파이돈』, 67d)◦

◦   전헌상 옮김, 『파이돈』, 43쪽 참조.

'죽음은 나쁜 것이 아닌데 왜 이렇게 슬퍼하는가?'라는 소크라테스의 반문이기도 합니다. 물론 좋은 일을 하면서 산 사람에게 죽음이 반길 만한 것이겠죠. 하지만 좋은 일을 하지 않고 산 사람에게는 죽음 이후의 세계에서 벌이 기다리고 있습니다. 바로 이런 이야기가 영혼의 윤회론인데, 이것이 영혼과 육체의 이원론으로부터 따라나오는 세 번째 주장입니다. 분리된 영혼은 육체를 떠나서 그 자체로 존재할 수 있습니다. 훌륭한 삶을 산 영혼은 좋은 곳에, 그렇지 못한 삶을 산 영혼은 나쁜 곳에 존재합니다. 이것이 현생의 삶에 대한 상과 벌이죠. 그렇게 육체와 분리되어 떨어져 있던 영혼이 언젠가 다시 육체 속으로 들어오게 되는데 바로 이것이 환생입니다.

플라톤은 윤회에 대해서 아주 다채로운 이야기를 합니다. 대화 편 안에는 사람이나 동물로 윤회한다는 이야기도 있고, 또 기억이나 습성이 매우 중요해서 영혼이 그다음 생에서의 삶을 선택할 때 전생의 기억에 따라서 다음 생을 선택한다는 이야기도 있습니다. 『국가』의 마지막 권에 이에 대한 생생한 이야기가 나옵니다. 영웅들이 다음 생을 선택하는 모습을 그려냈는데 그중에는 오디세우스의 선택에 관한 이야기도 있습니다. 우리가 잘 아는 오디세우스는 영웅이자 트로이아 전쟁을 승리로 이끈 계략가였지만 10년 동안 수없이 많은 고생을 한 끝에 겨우 고향으로 돌아오는데 『국가』에 따르면 이 오디세우스의 영혼은 다음 생을 정할 때 평범한 촌부의 삶을 선택합니다. 전생에는 영웅이었지만 너무 많은 고생을 했기 때문에 그냥 평범하게 살아야겠다고 결심한 것이죠. 바로 이것이 윤회를 결정하는 데 있어서 기억과 습성의 힘이라고 플라톤은 이야기합니다.

> "우연히 모든 영혼 가운데 마지막 차례를 뽑은 오디세우스의 영혼이 선택하기 위해 나아갔지만 이전의 고통에 대한 기억 탓에 명예욕에서 벗어나 오랫동안 돌아다니면서 별 볼 일 없는 범인의 삶을 찾다가 남들에게 외면당한 채 어딘가에 놓여 있는 것을 가까스로 찾아냈다고 하네. 그리고 그것을 보자 '내가 첫 번째 차례였다고 해도 똑같은 일을 했을 것이오.'라고 말하면서 반가이 그걸 선택했다고 하네. 이와 똑같이 다른 짐승들에서 사람들로, 불의한 것들은 사나운 것들로, 정의로운 것들은 유순한 것들로 옮겨갔으며 온갖 방식의 뒤섞임이 이루어졌다고 하네."(『국가』, 620c)•

사실 내세의 삶과 윤회는 옛날이나 지금이나, 동양에서나 서양에서나 많은 상상과 이야깃거리입니다. 윤회에 대한 이야기는 우리나라 드라마나 영화에도 많이 등장합니다. 특히 요즘 들어 부쩍 더 그런 것 같습니다. 〈재벌집 막내아들〉이

• 박종현 옮김, 『국가·정체』, 666쪽 참조.

라는 드라마도 그렇고 오래전에 방영했던 〈도깨비〉도 그랬
죠. 이렇게 윤회에 대한 드라마가 사람들 사이에서 인기를
끄는 데 대해서는 사회학적 설명이 가능합니다. 현세에 대한
절망이 내세와 다음 생에 대한 희망으로 이어지는 것이 아
닐까요? 내세에 대한 희망은 현실에 대한 절망에 비례하니
까요.

플라톤의 윤회론을 다루는 수업 시간에 학생들에게 "다음
생에 무엇으로 태어나고 싶으냐?"라고 물으면 "북유럽에서
고양이로 태어나고 싶다."라고 하는 학생들이 있습니다. 웃
고 넘어갈 수 있는 대답입니다. 하지만 "백인 남자로 태어나
고 싶다."라는 대답은 더 의미심장합니다. 세계화된 세상에
서 누가 특권을 누리고 사는지 보여주니까요. 더 가슴 아픈
것은 "다시 태어나고 싶지 않다."라는 대답입니다. 이런 대
답을 하는 사람들이 점점 더 늘어납니다. 현실에 대한 절망
이 내세에 대한 희망조차 포기하게 만든 것이 아닐까요? 젊
은이들의 삶이 점점 더 고달프고 힘들어진다는 뜻이겠죠. 플
라톤의 경우도 이와 비슷하지 않았을까 생각합니다. 그의 윤
회론은 현실에 대한 그의 절망과 다른 세상에 대한 기대를
담은 생각이기 때문입니다.

세 가지 마음

인간에 대해서 플라톤이 제시한

또 다른 이론은 '영혼 삼분설'입니다.[*] 플라톤의 대표적인 이론 가운데 하나인데, 이 이론은 윤회론보다는 훨씬 덜 신화적이고 종교적이에요. 오히려 심리학에 가깝습니다. 인간의 마음에 대한 분석을 담은 이론이기 때문입니다.

심리학 이론을 끌어들이지 않아도, 심리학적 관찰이나 실험을 거치지 않아도 우리는 누구나 자신의 마음이 복잡하다는 것을 잘 압니다. 우리의 마음은 언제나 오락가락, 갈팡질팡합니다. 그래서 누구나 우리의 마음속에 작용하는 것이 한 가지 힘이 아니라 여러 가지 힘이 아닐까 추측합니다. 이런 배경에서 심리학 이론은 예외 없이 심리 현상을 여러 가지 힘들의 상호작용으로 설명합니다. 뇌 중심으로 마음을 설명하려는 뇌 삼분설도, 프로이트의 심리학도 그렇습니다.

뇌 삼분설부터 살펴봅시다. 현대 과학은 모든 의식 현상을 뇌 기능으로 설명하려고 합니다. 논란의 여지가 많은 입장입니다. 어쨌든 뇌 중심주의자들이 내세우는 흥미로운 가설이 하나 있습니다. 뇌가 세 부분으로 이루어졌다는 것이죠. 그래서 '뇌 삼분설'이라고 합니다. 이 이론에 따르면 뇌의 가장 아랫부분은 모든 살아 있는 동물이 가진 원시 뇌입니다. 이 뇌는 생존을 위해서 기본이 되는 생리적인 욕구, 호흡, 수면, 생식 기능 등을 담당합니다. 이를 일컬어 흔히 '도마뱀의 뇌'

---

[*]   박종현 옮김, 『국가·정체』, 292쪽 이하 참조.

라고 부릅니다. 그다음 뇌의 중간 부분에는 도마뱀에게서는 아직 발달하지 않은, 개와 같은 수준의 포유류에게서 분명하게 드러나는 부분이 있습니다. 이것을 일컬어 '개의 뇌'라고 부릅니다. 이 부분은 감정을 조절하는 능력이 자리 잡고 있는데, 이 작용이 바로 감정, 기억, 습관 등이라고 가정합니다. 마지막으로 인간과 고등 영장류에게는 중간의 뇌 말고도 뇌의 껍질, 대뇌 피질이 있죠. 여기서는 더 높은 수준의 의식 현상, 즉 상상하고 계산하고 추리하고 과거의 기억을 의식적으로 떠올리는 일 등이 이루어집니다.

프로이트도 이와 비슷한 생각을 했습니다. 그 역시 인간의 의식을 세 가지 기능으로 분석했으니까요. 프로이트가 가장 기본적인 것으로 내세운 것은 '이드(id)'입니다. '이드'는 영어로 'it'입니다. '이드'에는 성별도 인격도 없습니다. 그것은 사물적인 것입니다. 인간에게 속한 가장 기본적인 부분이죠. 인간의 가장 깊은 곳에 내면화되어 있는 비인격적이고 성적인 에너지가 바로 이드입니다. 한편 정반대에는 성적인 에너지의 방만한 표출을 억제하는 능력이 자리 잡고 있습니다. 그것을 프로이트는 '초자아', '슈퍼에고(superego)'라고 부릅니다. 슈퍼에고는 사회적 규범이 내면화된 것으로 이드의 표출을 억제하고 통제합니다. 그래서 본능적인 이드와 규범적인 수퍼에고는 서로 갈등을 벌일 수밖에 없죠. 이런 갈등 관계를 통해서 '자아', 즉 '에고(ego)'가 형성됩니다. 프로이트에 따르면 자아는 두 개의 근원으로부터 파생된 결과, 즉 본능적인 이드와 사회적인 규범을 통해 형성된 슈퍼에고를 조절하는 힘입니다. 프로이트의 관점에서 보면 초자아가 약하면 폭력적이고 본능에 따라 행동하는 사람이 되겠고, 초자아가 강하면 항상 자책감에 시달리고 본능을 죄악시하는 금욕주의자가 될 수 있습니다.

플라톤의 '영혼 삼분설'도 바로 이런 방식으로 영혼이 세 부분으로 이루어졌다고 주장하는 이론입니다. 뇌 삼분설이나 프로이트 이론의 선구적 이론인 셈이지요. 플라톤은 영혼이 세 부분으로 이루어진 전체 모습을 마차에 비유합니다.

"영혼은 날개 달린 한 쌍의 말과 마부가 합쳐져서 이루어진 능력과 같다고 해보세. 그런데 신들의 말이나 마부는 모두 뛰어나고 좋은 혈통에서 태어났지만, 다른 것들의 경우에는 뒤섞여 있네. 첫째로 우리의 경우 (마차를) 이끄는 자는 한 쌍의 말을 이끌며, 둘째로 두 필의 말 가운데 하나는 그가 보기에 아름답고 좋으며 그런 종류의 성질들을 타고난 데 반해 다른 말은 그 반대의 성질을 타고났고 다른 쪽 말과 정반대지. 그래서 우리의 마차 여행은 어쩔 도리 없이 어렵고 불만스러울 수밖에 없네."(『파이드로스』, 246a-b)●

● 　조대호 옮김, 『파이드로스』, 60~61쪽.

영혼의 마차는 한 사람의 마부와 백마, 흑마로 이루어져 있습니다. 마부는 이성에 해당하고 흑마는 아주 힘이 강한 욕망을 상징합니다. 백마는 마부를 도와 마차를 이끌어나가는 기개에 해당합니다. 플라톤이 이 비유를 통해서 말하려는 바가 무엇인지는 우리 스스로 마음의 움직임을 관찰해 보면 쉽게 이해할 수 있습니다. 우리는 아침에 일어났을 때 계획을 세우고, 한 주가 시작될 때 계획을 세우고, 특히 1년이 시작될 때 계획을 세웁니다. 올해에는 담배를 끊어야지, 올해는 술을 좀 덜 마셔야지, 올해에는 체중을 줄여야지 등등을 계획하죠. 그런데 어느 순간 이 계획이 무너집니다. 이성의 통제를 받지 않는 욕구가 이성의 힘을 제압하는 겁니다. 그래서 백화점에 구두를 사러 갔다가 핸드백을 사는 등 엉뚱한 일이 빚어집니다. 그러고 나서 후회하지요. 즉 욕구와 이성 사이의 갈등이 빚어질 때 이성이 욕구를 이기지 못하고 욕구로 인해 이성이 제압되면 그다음에는 그에 대한 후회와 자책감에 시달리게 됩니다. 플라톤에 따르면 바로 이러한 자책감을 통해서 자기를 다그치고 책임을 묻는 역할을 하는 것이 바로 '기개'라고 불리는 부분입니다. '기개'에 해당하는 그리스어는 'thymos'인데, 이 말은 '분노'를 뜻하기도 합니다. 결국 자신의 잘못에 대해서 분노하는 부분을 '기개'라고 이해하면 되겠지요. 플라톤은 이렇게 서로 긴장과 갈등 관계에 있는 이성과 기개, 그리고 욕구가 각각 머리, 가슴, 그리고 배와 횡격막 아랫부분에 자리 잡고 있다고 생각했습니다.

플라톤의 이런 영혼론은 어떻게 보면 종교적 믿음과 과학적 분석 사이에 놓여 있습니다.

AI의 논리와 '도덕 심리학'

21세기를 사는 우리에게도 삶과 죽음 그리고 마음의 문제는 여전히 많은 점에서 베일에 가려져 있습니다. 이러한 점들을 고려한다면 플라톤의 이론이 '너무 소박하다.', 그의 이론이 '종교적인 것과 과학적인 것 사이를 오락가락한다.'라는 이유를 들어 탓할 일은 아닌 듯합니다. 반대로 저는 플라톤의 영혼론이 오랫동안 여러 가지 통찰을 제공했고 지금도 그렇다고 봅니다. 그런 점에서 여전히 '현재적'이며 '천재적'이라고 평가하고 싶습니다. 플라톤의 영혼과 육체의 이원론은 종교적 믿음에서뿐만 아니라 영화적 상상에서도 여전히 살아 있습니다. 그리고 우리의 예상을 뛰어넘어 뜻밖의 분야에서도 그의 영혼론이 부활하고 있지요. 즉 AI의 논리 안에서도 우리는 플라톤의 생각을 찾아낼 수 있습니다. 많은 과학자나 공학자는 육체가 없다고 하더라도 인간 두뇌의 능력과 정보를 스캔해서 슈퍼컴퓨터에 업로드하면 한 사람을 다시 만들어낼 수 있다고 생각합니다. 즉 뇌의 기능을 살리면 바로 사람을 살리는 것이라고 생각하는 것이죠. 이런 과학자들의 상상은 플라톤의 생각과 근본적으로 다를 것이 없는 '21세기의 윤회설'입니다. 왜냐하면 인간의 정신 능력이 몸과 분리되어 존재할 수 있다는 플라톤 영혼론의 전제를 과학자와 기술자도 공유하고 있기 때문입니다.

영혼 삼분설의 경우는 또 어떨까요? 앞서 살펴보았듯이 이 이론은 뇌 삼분설이나 정신분석학의 '이드-슈퍼에고-에고' 이론의 선구적인 형태입니다. 마음의 다양한 움직임과 동기에 대한 심리학 이론의 근본 통찰을 보여줍니다. 하지만 더 중요한 것이 있습니다. 플라톤에게 영혼 삼분설은 마음을 과학적으로 분석한 심리학 이론일 뿐만 아니라 무엇이 인간에게 나쁜 것이고 무엇이 인간에게 좋은 것인지에 대한 대답을 찾는 '도덕 심리학'이기도 합니다. 어째서 그럴까요? 대답은 간단합니다. 다시 마차의 비유를 생각해 봅시다.

마부와 흑마와 백마, 이렇게 세 부분으로 이루어진 마차를 떠올려 보세요. 그리고 우리의 삶이 그런 마차의 경주와 같다고 상상해 보시죠. 어떤 때 마차가 잘 달릴까요? 당연히 말들이 마부의 통제에 따라서 잘 움직일 때 마차 경주는 성공적으로 이루어질 수 있습니다. 그에 비해 마부는 마부대로, 백마는 백마대로, 흑마는 흑마대로 자기가 원하는 방향으로 움직인다면 마차 여행은 파국을 면치 못하게 되겠죠. 서로 다른 것들이 각자 자기 일에 충실하고 이를 통해 분업과 조화의 상태가 이루어질 때 마차 여행은 가장 이상적인 상태가 될 겁니다. 바로 이것이 플라톤이 말하는 영혼의 올바른 상태, 정의의 상태라는 것이죠. 이성, 기개, 욕구로 이루어진 영혼이 각자 자신에게 가능한 한 최선을 다할 수 있는 상태에 도달할 때 영혼은 탁월함을 갖게 되고 정의로운 상태에 있게 된다는 거죠. 이성이 얻어야 할 탁월함의 상태는 지혜이고, 기개가 도달해야 할 탁월함의 상태는 용기입니다. 욕구는 자기의 힘을 방만하게 발휘하는 것이 아니라 이성의 통제에 따라서, 지혜에 따라서 절제 있게 자신의 욕망을 충족해야겠지요. 바로 그럴 때 영혼의 마차 여행은 성공적으로 끝날 수 있을 겁니다. 그것이 바로 플라톤이 얘기하는 올바름의 상태입니다.

자, 이제 마무리를 하겠습니다. 지금까지 플라톤이 영혼을 중심으로 인간을 어떻게 이해하는지, 인간의 이상적 상태를 어떻게 그려내는지 살펴보았습니다. 이 문제는 플라톤의 정의관을 다루면서 더 자세히 살펴보아야 합니다. 저는 플라톤의 정의관이 매우 드라마틱한 논변들로 가득 차 있다고 생각합니다. 다음 장에서 이 논변들을 살펴보겠습니다.

6장

정의란 무엇인가?

오늘의 강의 주제는 '정의'입니다. 플라톤 철학이 '정치적 형이상학' 또는 '형이상학적 정치학'이라는 사실을 다시 떠올려봅시다. 그의 철학의 주요 이론인 이데아론이나 영혼론은 보이지 않는 세계에 대한 이론이라는 뜻에서 '형이상학적'입니다. 하지만 동굴의 비유를 통해서 이미 살펴봤듯이 플라톤은 현실 밖으로 벗어나는 것을 지향한 종교적 신비주의자가 아닙니다. 그는 보이지 않는 진리를 보이는 현실에 실현하려고 했던 철학자이고 그런 점에서 그의 철학을 '형이상학적'이면서 동시에 '정치적'이라고 부를 수 있습니다.

플라톤 철학의 두 얼굴을 보여주는 한 가지 분명한 증거가 있습니다. 바로 『국가』라는 책입니다. 플라톤은 대화체 형식으로 여러 권의 책을 썼습니다. 그래서 그의 책들을 보통 '대화편'이라고 부르는데, 『국가』는 그 가운데 가장 방대한 내용의 대화편입니다. 『국가』는 말 그대로 이상 국가, "아름다운 나라(kallipolis)"(『국가』, VII 527c)*에 대한 구상을 담은 책입니다. 하지만 그것은 동시에 정의로운 국가에 대한 구상이기도 합니다. 플라톤에게 이상 국가는 곧 정의로운 국가를 뜻하기 때문입니다. 그래서 『국가』에는 '정의에 대하여'라는 부제가 붙어 있습니다.

지금부터는 이 정의의 문제를 중심으로 『국가』를 소개하려고 합니다. 두 가지 질문이 논의의 핵심입니다. 정의 혹은 옳음이란 무엇인가? 어떤 국가가 정의로운 국가인가? 먼저 '정의란 무엇인가?'라는 질문에서 이야기를 시작해 보겠습니다.

정의와 법

정의란 무엇일까요? 정의에 대한 논의는 수없이 많습니다. 정의에 관해 쓴 책도 엄청나게 많습니다. 존 롤스(J. Rawls)의 『정의론』, 마이클 샌들(M. Sandel)의 『정의란 무엇인가』 등에 대해 들어본 독자들도 많으실 겁니다. 정의에 관한 주장이 너무 많아서 정의, 즉 옳음이 무엇인지를 '정의하기(definition)'가 불가능할 정도이죠. 우리는 '정

●　　박종현 옮김, 『국가·정체』, 475쪽 참조.

'디케 상'은 '법적인 것이 곧 정의'라는 오래된 생각을 상징한다. 『국가』의 대화는 이런 정의관에 대한 당대 아테나이인들의 비판과 이에 맞서 정의를 새롭게 정의하려는 플라톤의 시도에서 시작한다.

의'를 뜻하는 고대 그리스어 '디카이오시네(dikaiosynē)'의 쓰임을 실마리 삼아 정의의 문제에 다가가 보는 건 어떨까요? 디카이오시네는 법과 관련된 용어입니다. 이 낱말은 '재판관(dikastēs)', '재판정(dikastērion)' 등과 어원이 같죠. 그리스인 사이에서 '정의로운 것은 곧 법적인 것'이라는 생각이 널리 퍼져 있었음을 보여주는 사례입니다. 실제로 그렇습니다. 아리스토텔레스도 정의에 대해서 체계적인 논의를 펼친 사람인데, 그는 "합법적인 것은 분명히 어떤 뜻에서 정의로운 것이다."(『니코마코스 윤리학』, 5권 1장)*라는 말로 논의를 시작하고 있습니다. 우리나라의 법무부와 법무부 장관도 'Minister of Justice'와 'Ministry of Justice'라고 불리는데, 이것도 정의와 법의 연관성을 잘 보여줍니다. 심지어 영어에서는 법관을 가리켜 'Justice'라고 부르기도 합니다.

하지만 정의를 이렇게 법과 연관 지어 이야기하면 곧바로 반문이 따라나올 수밖에 없습니다. 법은 제정하는 사람들의 뜻에 따라 쉽게 바뀌는 것이 문제입니다. 법은 법을 제정하는 사람들 그리고 그들 편에 있는 사람을 위해서 바뀝니다. 선거가 끝나 야당과 여당의 자리가 바뀌고 정부가 교체되면 사람들은 먼저 법부터 바꿉니다. 이것을 보면 법적인 정의가 과연 공정하고 객관적인지 질문이 생기지 않을 수 없습니다.

●　강상진 외 옮김, 『니코마코스 윤리학』, 162쪽 참조.

이런 법은 법을 만드는 사람들이나 지배 집단의 이익을 위한 것이 아닌가요? 그렇다면 법을 지키는 게 과연 정의롭고 옳은 것일까요?

　나 자신이 법의 보호를 받는 지배 집단의 일부라면 법을 지킬 수도 있습니다. 그런 경우 법은 내 이익을 보장해 주니까요. 하지만 우리 주변에서 흔히 보듯이 법을 만든 사람마저 법을 자주 어깁니다. 법이 정한 것보다 더 많은 이익을 챙기기 위해서이죠. 힘 있는 사람들은 자신의 이익을 챙기기 위해 법을 제정해 놓고도 다시 그 법 위에 군림하면서 더 많은 이익을 취하려 합니다. 그렇다면 약자의 위치에 있어서 법을 만드는 데 목소리를 낼 수 없는 사람은 법을 지켜야 할 이유가 있을까요? 법을 지키지 않으면서 처벌을 슬쩍 피해서 나의 이익을 도모하는 것이 최선은 아닐까요? 또 힘 있는 자들이 만든 법을 힘없는 내가 준수하는 것은 고지식하고 바보 같은 일이 아닐까요? 내가 법을 지키는 것은 처벌을 피해서 법을 어길 수 있을 만큼의 능력이 없기 때문은 아닐까요? 내가 그런 약자이기 때문은 아닐까요? 법적 정의의 정당성에 대해서 꼬리에 꼬리를 물고 질문이 이어집니다. 이는 이 시대를 살아가는 모든 사람이 갖는 질문입니다. 하지만 21세기 대한민국에 사는 사람만 그런 질문을 품고 있는 것은 아닙니다. 기원전 4세기 플라톤과 같은 시대를 살았던 그리스인도 똑같은 질문을 가졌습니다. 어찌 보면 모든 시대의 질문이라고 얘기할 수가 있겠죠. 법이 나의 권리와 이익을 보장해 줄까? 내가 법을 지키는 것이 과연 나에게 도움이 될까? 『국가』를 읽어보면 특히 젊은이 사이에 그런 의문이 널리 퍼져 있었음을 알 수 있습니다. 이들의 생각을 요약하면 이렇습니다. '불의를 행하면서도 처벌을 받지 않는다면 그것이 최선이다. 하지만 반대로 불의를 당하면서 보복을 할 수 없다면 그것은 최악이다. 사람들은 최악을 피하기 위해서 어쩔 수 없이 그 중간을 택해서 법을 만들고 지킨다. 그러니 불의를 행하면서도 처벌을 받지 않을 수 있는 능력이 있다면 누가 법을 지키려고 할까?'•

불의를 행하되 처벌받지 않는 것이 정의로운 것, 즉 법을 지키는 것보다 훨씬 더 낫다는 말입니다. 법을 지키라고 말하는 사람들 앞에서 우리가 하루에도 수십 번씩 따지고 싶은 말을 2400년 전의 그리스 젊은이들도 했던 것입니다. 『국가』에서는 '글라우콘'•• 이라는 젊은이가 등장해서 이런 주장을 펼칩니다. 그가 정의를 부정하는 나쁜 사람이라서 그런 주장을 하는 것이 아닙니다. 글라우콘은 '정의보다 불의가 더 좋다.'라는 주장에 심정적으로는 동조하지 않습니다. 그는 불의보다 정의가 좋다는 확신을 지키고 싶어 합니다. 하지만 세상 사람들의 의견에 대해서 적절한 반론을 찾아낼 수 없었습니다. 그래서 그는 소크라테스에게 세상 사람들이

• 『국가』 II 359a∼359c. 박종현 옮김, 『국가·정체』, 126∼128쪽 참조.
•• '글라우콘'은 플라톤의 친형이다.

가지고 있는 '정의가 불의보다 나쁘다.'라는 생각을 논파해
달라 요청하는 겁니다. 아무리 소크라테스라고 해도 쉬운 요
구가 아니죠.

　게다가 대중의 의견을 대변하는 글라우콘은 만만한 인물
이 아닙니다. 그는 정교한 논리로 무장한 아주 똑똑하고 뛰
어난 젊은이입니다. 그는 다른 이야기를 끌어들여서 소크라
테스에게 "정의를 옹호해 보라."라고 대듭니다. 물론 여기
등장하는 '소크라테스'는 실제 소크라테스라기보다『국가』
의 저자인 플라톤의 분신이라고 생각하는 게 더 맞습니다.
플라톤은 모든 저술에서 '소크라테스'를 대화를 이끌어가는
주인공으로 끌어들여 철학적인 대화를 이야기하고 있으니
까요.

내게 마법의 반지가 있다면

　　　　　글라우콘이 '불의 예찬론자'의 입
장에서 끌어들이는 것은 유명한 '기게스의 반지' 이야기입니
다. 내용은 이렇습니다.* 옛날 리디아 왕국에 기게스라는 이
름의 양치기가 살고 있었습니다. 들판에서 양 떼에게 풀을
먹이고 있던 어느 날 폭풍우와 번개가 치고 지진이 일어나

●　　『국가』, Ⅱ 359c. 박종현 옮김 『국가·정체』, 128쪽 이하 참조.

땅이 갈라졌습니다. 그는 갈라진 땅 틈으로 들어갔다가 땅속에서 커다란 청동마를 발견했습니다. 그 청동마 안에는 사람의 시체가 있었는데 그의 손가락에는 반지가 끼워 있었죠. 기게스는 반지를 빼서 밖으로 나왔습니다. 그 뒤 그는 반지를 끼고 양치기 모임에 나갔다가 반지의 놀라운 효과를 확인하게 됩니다. 반지의 보석 받이를 몸 쪽으로 돌리면 자기가 보이지 않았던 겁니다. 투명 인간으로 만들어주는 반지였던 것이죠. 그는 이 마법의 반지를 이용해서 리디아의 왕비와 간통하고 왕을 살해한 뒤 권력을 차지하게 됩니다.

글라우콘의 질문은 이것입니다. 이렇게 투명 인간으로 만들어주는 마법의 반지가 있다면 그 반지를 갖고서도 정의가 불의보다 더 낫다고 말할 사람이 있을까요? 상상해 봅시다. 내게 이런 반지가 있다면 나는 명품점에서 2억 원짜리 바쉐론 콘스탄틴 시계를 훔칠 수도 있고 몰래 마약을 밀매할 수도 있습니다. 어렵게 시험 준비를 하지 않고도 시험 문제나 합격증을 빼돌려 명문 대학에 합격하거나 대기업에 취직할 수 있겠죠. 몰카나 드론을 띄우지 않아도 관음증의 욕구를 실컷 채울 수 있을 겁니다. 그런 모든 일을 마음대로 할 수 있게 해주는 반지의 소유자가 법을 지키려 할까요? 반지를 가진 사람은 다른 사람에게 없는 힘이 있습니다. 처벌을 받지 않고 불의를 행할 수 있는 힘입니다. 그렇게 힘 있는 사람이 무엇 때문에 법과 정의를 지키려 할까요? 글라우콘의 질문은 단도직입적입니다. "이런 반지를 갖고서도 정의로운 행동을 할 사람이 어디 있겠습니까? 그런데도 정의가 불의보다 더 낫다고 말하는 겁니까, 소크라테스? 한번 반박해 보세요." 글라우콘은 소크라테스에게 따지듯이 요구합니다. 여러분이 소크라테스의 입장이라면 어떻게 반박하시겠습니까? 처벌을 피해서 모든 것을 할 수 있는 사람이 왜 법을 지켜야 할까요? 그에게 법적 정의에 매여 살아야 할 이유가 있을까요? 이런 질문에 대한 플라톤의 대답은 어떤 것이었을까요? 『국가』 전체가 글라우콘의 질문에 대한 대답입니다. 대답이 너무 길지요? 그래서 저는 보다 간단한 방법으로 정의가 불의보다 왜 좋은지에 대해 플라톤이 제시하는 대답을 소개해 보려고 합니다.

<반지의 제왕>의 골룸과 아라곤

그 방법은 바로 '기게스의 반지' 이야기를 되물어 보는 것입니다. 이렇게 질문을 한번 해보겠습니다. 투명 인간으로 만들어주는 반지를 소유한 사람은 정말 모든 것을 얻을 수 있을까? 기게스의 반지가 정말 우리에게 좋은 것을 뭐든지 가져다줄까? 반지를 통해 얻을 수 있는 것은 많습니다. 하지만 세상에는 반지만으로 얻을 수 없는 것들이 더 많습니다. 반지를 통해서 좋은 성적표를 얻을 수 있습니다. 하지만 좋은 성적표를 얻는 것과 지식과 실력을 얻는 것은 다릅니다. 반지를 통해서 육체적 쾌락을 충족시킬 수 있습니다. 하지만 육체적 쾌락을 충족시키는 것이 타인의 진정한 사랑을 얻는 것은 아닙니다. 반지를 통해서 적을 암살해서 그들을 지배하고 타인을 지배하는 권력을 얻을 수는 있습니다. 하지만 그러한 지배가 사람들 사이에 인정을 뜻하는 것은 아니겠죠. 지배와 권력 그리고 배후에 놓여 있는 진정한 인정과 명예에는 타인의 시선이 필요하기 때문입니다.

진정한 인정과 명예가 어디서 오는지 보여주는 일례가 하나 있습니다. 알렉산드로스의 이야기입니다. 알렉산드로스는 스물두 살에 동방 원정에 나섰습니다. 하지만 첫 전투에서부터 압도적인 수의 페르시아 대군과 맞서야 했습니다. 적군의 형세를 파악한 노련한 장군들이 조언했습니다. '낮에 싸우면 이기기 어려우니까 밤에 기습합시다.' 젊은 왕이 대꾸했습니다. '나는 승리를 훔치지 않소.' 스물두 살의 알렉산드로스는 훔친 승리는 명예를 가져다주지 않는다는 것을 잘 알고 있었던 것이죠. 알렉산드로스의 이야기는 우리에게 큰 울림을 안겨줍니다. 그 고양감은 도대체 어디서 오는 것일까요?

이런저런 것들을 따져보면 반지를 통해 얻을 수 있는 것보다는 반지를 통해 얻을 수 없는 것들이 더 많아 보입니다. 반지는 우리에게 지식도, 사랑도, 인정도, 진정한 친구도 가져다줄 수 없습니다. 물론 어떤 분들은 이렇게 대꾸할 겁니다. '어떤 것들은 노력을 통해 얻고 어떤 것들은 반지를 통해 얻으면 되지. 누가 그렇게 좋은 반지를 마다하겠어?' 그럴듯한 대답입니다. 하지만 저는 이런 말은 사람의 본성에 대해서 모르는 소리라고 생각합니다.

그 이유는 이런 거죠. 인간은 습관의 동물이고 바로 습관의 결과로 자아가 형성됩니다. '인격'이라고 하는 것은 결국 타고난 본성에 습관이 더해진 결과입니다. 그런데 반지를 통해서 욕망을 채우는 데 재미를 붙이면 그는 지식, 사랑, 인정을 얻기 위해서 어떤 노력도 하지 않을 것입니다. 그것이 눈에 보이는 것들을 아주 쉽게 얻을 수 있게 만들어주는 반지의 힘이니까요. 한 번 맛을 들이면 반지의 힘에서 벗어날 수가 없다는 말입니다. 강력한 마약보다 반지의 힘이 더 강력할 테니까요. 그 결과 인간은 결국 반지의 노예로 전락하게 됩니다. 내가 반지의 주인이 아니라 반지가 나의 주인이 되는 것이죠. 마약 환자가 마약의 노예가 되는 것처럼. 그렇다면 인간으로서 계발할 수 있는 역량은 모두 망가지고 말 것입니다. '기게스의 반지' 이야기에도 반지의 파괴적인 힘에 대한 암시가 숨어 있다고 생각합니다. 반지의 소유자는 왜 청동마 안에 갇혀 송장이 되어 있었을까요? 투명인간이 된 그를 아무도 알아보지 못했고 그래서 누구도 그를 구해줄 수 없었기 때문은 아닐까요? 이렇게 완전히 망가진 사람의 내면은 어떤 모습일까요? 사람은 속마음은 보이지 않습니다. 하지만 상상해볼 수는 있겠지요. 그런 사람의 내면을 CG로 연출해 보면 영화 〈반지의 제왕〉에서 '골룸'의 모습이 그려지지 않을까요? 하지만 그 반대편에 있는 '아라곤'을 생각해 보세요. 반지의 노예 상태와 정반대에 있는 인물을 상상할 수 있습니다. 시련과 역경을 이기고 단련된 멋진 모습이죠. 아라곤의 카리스마는 기게스의 반지와 같은 수단에 의지해서 살아온 사람에게서는 발견할 수 없는 모습입니다. 그것은 인간이 가진 능력이 노력을 통해 잘 계발되어 실현된 상태이기 때문이죠.

법적인 정의에 앞서는 도덕적 정의

모든 인간에게는 기본적인 신체적 욕망, 타인에게 인정을 받고 싶은 욕망, 무엇인가 알고 싶은 욕망 등이 있습니다. 이 가운데 앎의 욕망을 실현해서 지혜를 갖추는 일은 매우 중요합니다. 지혜가 없다면, 지혜 없이 쾌락에 탐닉한다면 몸과 정신이 망가질 테니까요. 또 지혜 없이 인정과 명예를 추구하려는 사람들이 있어요. 이 사람들이 가는 길은 패가망신의 길입니다. 지혜를 갖출 때 다른 욕망도 절제와 용기 등의 덕을 얻어서 잘 실현될 수 있을 것입니다. 이러한 덕을 갖추기 위한 인간의 노력은 가파른 오르막길을 오르는 과정과 같습니다. 덕에는 피와 땀이 따른다는 것이죠. 이렇듯 우리 영혼의 서로 다른 기능이 저마다 알맞은 덕을 갖추고 잘 실현돼서 서로 조화와 균형을 이루고 있는 것을 플라톤은 '정의'의 상태라고 말합니다. 지난 강의에서 소개한 영혼 삼분설에 바탕을 둔 주장입니다. '이런

영원한 현재의 철학

정의 상태는 신체의 여러 기능이 균형을 맞추어서 잘 작동하는 건강한 상태와 같다. 그러니 이런 정의의 상태가 어떻게 좋은 것이 아닐 수 있을까?' 이것이 법적인 정의의 관념에 맞서 플라톤이 내세우는 새로운 정의 옹호론입니다.

바로 이런 논변이 '정의보다 처벌받지 않은 불의가 더 낫다.'라는 데 대한 플라톤의 반박입니다. 반론 과정에서 플라톤은 "법적인 정의보다 더 근원적인 정의가 있다. 그것은 인간에게 주어진 본성을 덕을 통해서 실현할 때 생겨나는 정의이다."라고 말합니다. "법적인 정의에 앞서는 도덕적 정의가 있다."라는 말이기도 합니다. 플라톤의 정의론이 우리를 설득할 수 있을까요? 도덕적 정의에서 오는 좋음이 정말로 불법적으로 얻는 좋음보다 더 좋은 것일 수 있을까요? 플라톤의 주장에 공감하는 사람도 있고 그 주장을 비웃는 사람도 있을 거라고 생각합니다.

하지만 플라톤의 입장은 분명합니다. "도덕적 정의를 벗어나서는 어떤 좋은 것도 없다.", "이 정의에서 벗어나면 가짜 합격증처럼 좋게 보이는 것들은 있지만 진짜로 좋은 것은 없다." 그렇다면 인간의 좋은 삶에 이바지하는 모든 법은 바로 이 도덕적 정의를 지향해야 할 것입니다. 그런 점에서 플라톤은 "도덕이 법에 우선한다."라고 말합니다. 법에 매달려 도덕을 무시하는 세상을 향해 플라톤이 하는 말이 있습니다. 도덕이 무너진 나라에서 수많은 잘못이 벌어지고 있는데 법을 통해 이러한 잘못을 막으려는 것은 "히드라의 머리를 베

고 있는 꼴"과 같다는 말이죠.●

　히드라는 그리스 신화 속에 나오는 괴물입니다. 머리가 여럿인데 머리 하나를 베면 두 개가 생기죠. 이것이 플라톤이 국가에서 펼치는 정의 옹호론입니다. 우리는 세상의 불의에 분노하고 세상의 불의 때문에 무력감에 빠져 있습니다. 플라톤의 정의론은 세상의 불의에 분노하고 정의를 찾는 모든 이에게 작은 철학적 위로가 될 수 있습니다. 다음은 이런 정의관에서 발전된 플라톤의 철인통치론에 관해 이야기하겠습니다.

●　「국가」, IV 426e. 박종현 옮김, 『국가·정체』, 271쪽 참조

7장

민주정과 철인통치론

이번 장에서는 플라톤 철학의 최대 관심사에 관해 이야기하려 합니다. 어떻게 훌륭한 나라를 만들 수 있을까? 바로 이 문제가 플라톤 철학의 최대의 관심사였죠. 펠로폰네소스 전쟁 중 정치적 격변을 겪은 20대나 그로부터 30년이 지난 뒤 50대에 들어서나 플라톤의 신념은 바뀌지 않았습니다. 훌륭한 나라는 정의로운 나라이고 정의로운 나라는 철학자가 통치하는 나라라는 것이 그의 신념이었습니다. 이 신념을 표현한 국가의 한 구절이 있어 읽어보겠습니다.

"만약 철학자들이 여러 나라에서 왕이 되거나 또는 우리가 오늘날 왕이나 통치자라고 부르는 사람들이 진심으로 그리고 충분히 철학을 하든가 해서 이것들, 즉 정치적 권력과 철학이 한

군데서 만나지 않는다면, 여보게, 글라우콘 내가 생각하기엔 여러 국가나 인류에게나 재앙이 그치지 않을 걸세."(『국가』, V 473c) •

플라톤의 철인통치론은 어느 시대나 그의 철학을 둘러싼 논의의 가장 뜨거운 이슈였습니다. 철인통치론은 시민들을 정치에서 배제하려는 반민주적인 계획이기 때문입니다. 왜 플라톤같이 위대한 철학자가 민주정과 시민들의 정치 참여를 부정하고 한 사람의 정치, 즉 철인왕의 정치를 옹호하고 나섰을까요? 이것이 이번 장의 질문입니다. 먼저 민주정에 대한 플라톤의 반감이 어디서 왔는지 따져보아야 그의 입장을 이해할 수 있을 듯합니다.

고대 그리스의 민주정

고대 그리스의 민주정은 기원전 508년 클레이스테네스라고 하는 인물의 개혁에서 시작됐습니다. 클레이스테네스는 명문 귀족 출신이었습니다. 하지만 그는 귀족들의 문제가 무엇인지 아주 잘 아는 귀족이었죠. 그는 귀족들의 권력욕과 세력 다툼으로 나라가 사분오열되

• 박종현 옮김, 『국가·정체』, 365쪽 참조.

A SEA FIGHT, NEW GUINEA.

플라톤은 『국가』에서 아테나이의 민주정을 '항해 중 혼란에 빠진 배'에 비유한다. 풍랑이 치는 바다 위의 배에 선주와 선원들과 조타수가 있다. 선주(대중)는 덩치가 크고 힘이 세지만 항해술에 무지하고 눈과 귀가 어둡다. 선원들(정치가들)은 그런 선주를 농락하며 배의 지휘권을 놓고 다툼을 벌이면서 살육을 서슴지 않는다. 별자리, 바람, 물길을 아는 키잡이(철학자)가 있지만 그는 무력하다. 플라톤의 철인왕 이론은 '지혜를 가진 자', 즉 조타수에게 권력을 주어야 한다고 주장한다.

는 것을 목격하면서 이 상황을 심각하게 받아들였습니다. 그래서 귀족들의 분쟁을 끝내고 시민 전체의 정치를 수립하려고 노력했죠. 그는 아주 놀라운 개혁안을 구상함으로써 자신의 정치적 의도를 실현했습니다. 많은 뛰어난 제도들이 클레이스테네스에 의해서 도입되었는데 그중에 가장 빛나는 것은 행정 구역 개편입니다.

클레이스테네스는 아테나이를 포함한 아티카 지역을 크게 세 구역으로 나눴습니다. 해안 지역, 산간 지역, 도시 지역으로 구분한 것이죠. 그리고 이 세 구역을 다시 10개로 쪼갰습니다. 예를 들어 경상도, 전라도, 충청도를 각각 10개로 쪼갰다고 보면 됩니다. 그런 다음 이렇게 나눈 10개의 지역을 다시 셋씩 묶어서 하나의 '부족'으로 재편했습니다. 그러니까 경상도의 1번 지역, 전라도의 1번 지역, 충청도의 1번 지역이 묶여서 하나의 부족이 되는 것입니다. 한편 아티카 전체의 세 지역을 나눠서 만든 30개의 '소부족' 하나하나를 더 작은 단위로 쪼개서 아티카 전 지역에 걸쳐 170개가량의 '데모스'를 만들었습니다.

나누기와 더하기가 꽤 복잡해 보입니다. 클레이스테네스가 이렇게 복잡한 방식으로 행정 체계를 개편한 목적은 무엇이었을까요? 그의 목적은 혈연과 지연 중심으로 세력을 떨치던 귀족들의 힘을 무력화시키는 것이었습니다. 경상도 1번 지역, 전라도 1번 지역, 충청도 1번 지역을 합쳐서 하나의 '부족'을 만들면 그 안에서 더 이상 지연이나 혈연이 힘을 쓸 수 없게 되는 것은 당연합니다. 그리고 더 작은 단위인 '데모스'를 만듦으로써 이 데모스가 행정의 중심으로 부상하게 되었습니다. 바로 여기서부터 '데모스의 지배'라는 뜻의 '데모크라티아(dēmokratia)'가 등장한 것입니다.

이렇게 한 사람의 뛰어난 정치가에 의해서 수립된 민주정은 두 차례의 페르시아 전쟁(490, 480)의 위기를 극복하고 450년 무렵 페리클레스 시대에 이르러 최고의 전성기를 누리게 됩니다. 이 시기 아테나이인들은 아테나이를 전체 그리스 국가들의 본보기로 추켜세웠습니다. 이 시기 민주정의 지도자 페리클레스는 아테나이의 민주정을 이렇게 정의했습니다.

"우리는 이웃 나라들의 법을 흉내 내지 않은 정치 체제를 실행하고 있습니다. 우리가 다른 사람들을 모방하기보다는 오히려 우리 자신이 본보기입니다. 우리의 정치 체제는 '민주정'이라는 이름으로 불리는데 이유는 정치 운영이 소수가 아니라 다수의 뜻에 달려 있기 때문입니다. 한편으로는 법에 따라서 모든 사람이 서로 다른 사적인 이익을 관철시키기 위해 동등한 권리를 행사하고 다른 한편으로는 공적의 가치에 따라서 각자는 신분보다 탁월성에 기초해서 더 큰 명예를 누립니다. 또 어느 누구도 도시를 위해서 좋은 일을 할 수 있는 한 가난이나 보잘것없는 평판 때문에 정치 활동에서 배제되는 일이 없습니다."(『펠로폰네소스 전쟁사』, II 37.1)●

이 연설은 그리스 민주정의 '마그나 카르타'입니다. 지금 읽어도 페리클레스 시대 아테나이인들의 자부심이 낱말 하나하나에서 느껴지는 듯합니다.

무정부적 '자유'와 불평등한 '평등'

그로부터 한 세대가 지난 뒤 플라톤이 경험한 민주정은 페리클레스의 황금시대 민주정과 전혀 달랐습니다. 431년 펠로폰네소스 전쟁이 발발하고 27년 동안 계속되면서 아테나이의 민주정은 급속히 타락했습니다.[**] 어디에서 문제가 생긴 것일까요? 바로 민주정이 내건 '자유'와 '평등' 때문이었습니다.

민주정의 기본 이념은 평등입니다. 그리스인들은 이를 '이소노미아(isonomia)', 즉 동등한 권리, 법 앞에서의 평등으로 이해했습니다. 그런데 평등에는 두 가지 의미가 있습니다. 하나는 법 앞에서 누구나 동등한 권리를 갖는다는 뜻에서의 '법 앞에 평등'이고, 다른 하나는 자기가 이룬 공적에 따라서 다른 대우를 받을 수 있다는 뜻에서의 '비례적인 평등'입니다. 파이를 나눌 때 10개의 조각을 10명이 똑같이 나누는 것이 '법 앞의 평등'이나 '산술적 평등'이라면, 두 몫의 일을 한 사

[•]   천병희 옮김, 『펠로폰네소스 전쟁사』, 168쪽 이하 참조.
[••] 천병희 옮김, 『펠로폰네소스 전쟁사』, 168~169쪽.

람, 세 몫의 일을 한 사람에게는 각각 두 배, 세 배의 파이 조각을 더 주는 것은 '비례적 평등'입니다.

플라톤의 눈에는 당대의 아테나이는 이 두 가지 개념의 균형이 무너져 내린 사회였습니다. 플라톤은 이렇게 개탄했죠. '똑같은 것을 똑같은 사람들과 똑같이 하는 사람들에게는 똑같이 나눠주는 것이 평등인가?' 그가 보기에 그런 평등은 불평등의 다른 이름에 지나지 않았습니다. 산술적 평등과 비례적 평등 사이의 균형이 무너짐으로써 평등이 무차별적인 평등, 불공정으로 바뀌었다는 이야기입니다.

민주정의 또 다른 이념인 자유도 타락하기 시작했습니다. 그리스인에게 있어서 자유는 본래 '아우토노미아(autonomia)', 즉 자율을 뜻합니다. 개인적인 차원에서는 타인의 강제를 벗어나 자유롭게 말하고 판단하고 결정하고 행동하는 상태가 자유입니다. 국가적 차원에서는 외세의 강압을 배제하고 자국의 관습과 전통적인 법에 따라 행동하는 상태입니다. 하지만 플라톤 시대에 이르러 자율로서의 자유는 무질서와 동의어가 되어버렸습니다. 자유에 취한 사람들은 외세나 권력의 부당한 지배뿐만 아니라 관습과 법의 정당한 지배까지도 구속으로 여기기 시작했던 것이죠. 자유가 자율에서 모든 지배의 부재를 뜻하는 '아나르키아(anarchia)', 즉 무정부 상태로 변질한 것입니다.

플라톤은 『국가』에서 이렇게 만족을 모르는 욕망이 지배하는 자유의 사회, 불공정으로 전락한 평등의 사회, 그리고 거기서 살아가는 사람들의 모습을 생생하게 그려냈습니다.

> "(민주정에서 살아가는 사람은) 그때그때의 변덕스러운 욕구에 영합하면서 하루하루를 보내는데, 어떤 때는 술에 취해 피리 소리를 듣고 다시 물을 마시며 살을 빼다가 또 어떤 때는 다시 신체 단련을 한다네. 그런가 하면 어떤 때는 게으름을 피우며 만사에 무관심하다가 또 어떤 때는 철학에 빠져 시간을 보내지. 또 자주 정치에 관심을 보이면서 벌떡 일어나 되는 대로 아무것이나 말하고 행동한다네."(『국가』, VIII 561c-d)•

『국가』에 나오는 민주정에 대한 플라톤의 탄식입니다. 그렇다면 우리의 민주정도 플라톤이 겪은 위기의 민주정과 별로 다를 바 없다는 말이 될 것입니다. 이런 사회에서 정치가 제대로 작동할 리 없겠죠. 나라는 마치 격랑과 폭풍우 속에서 항로를 잃고 표류하는 배와 같은 상태에 놓이게 됩니다. 그렇다면 어떻게 국가의 올바른 항해가 가능할까요? 어떻게 무너진 질서를 바로잡을 수 있을까요? 이것이 플라톤의 최대 고민이자 관심사였습니다.

• 박종현 옮김, 「국가정체」, 545쪽 이하 참조.

철학자가 통치해야 하는 이유

플라톤만큼 혼란한 시대를 살면서 올바른 정치에 대해 고민했던 사람이 있습니다. 플라톤보다 200년 전에 살았던 정치가 솔론(Solon, 기원전 630~560)이었습니다. 솔론은 고대 그리스의 정치사에서 매우 위대한 업적을 이룬 위인으로 칭송받는 사람이죠. 혼란한 정치 속에서 고민에 빠져 있을 때 그에게 신탁이 내렸습니다.

"배에 올라타서 키를 잡아라. 아테나이의 많은 시민이 그대에게 도움의 손길을 내민다." 솔론은 이 신탁의 말을 듣고 정치에 적극적으로 참여해서 정치 개혁을 단행하고 성공을 거두었습니다.

민주정의 혼란을 종식시키기 위해 플라톤이 고민한 것도 솔론의 문제와 똑같았습니다. 누구를 키잡이로 앉힐까? 어떻게 올바른 키잡이가 배를 이끌게 할 수 있을까? 플라톤에게는 영혼 삼분설과 이데아론이 이에 대한 대답이었습니다. 다시 영혼 삼분설을 떠올려봅시다.

영혼 삼분설은 인간의 영혼이 세 부분으로 이루어졌다는 이론입니다. 모든 사람에게 세 부분이 있다는 것은 똑같습니다. 하지만 세 부분의 힘이 모든 사람에게서 똑같지는 않습니다. 어떤 사람은 욕구가 강하고, 어떤 사람은 기개가 드높고, 어떤 사람은 이성 능력이 강하기 때문이죠. 그래서 똑같이 세 부분으로 이루어져 있어도 세 부분의 힘이 어디가 강하느냐에 따라서 사람들의 개인차가 발생하죠. 그래서 플라톤은 개인마다 이런 차이가 있는 만큼 그들이 담당하는 사회적 역할도 달라야 한다고 생각했습니다. 욕구가 강한 사람은 생산을 하고, 이성 능력이 강한 사람은 통치를 하고, 기개가 강한 사람은 통치자를 도와 나라를 지키는 일을 해야 한다는 것이었습니다. 만약 욕구가 강한 사람이 정치를 하게 된다면 자신의 사적인 욕구를 충족시키기 위해서 공적인 질서를 무너뜨릴 가능성이 높겠지요. 또 명예욕이 강한 사람이 권력을 차지하게 되면 자신의 명예욕을 충족시키거나 자신의 승부욕을 채우기 위해서 공적인 질서를 훼손할 가능성이 있겠죠.

플라톤은 이런 이유로 각자 저마다 가진 능력에 따라서 할 수 있는 사회적 역할이 달라야 한다고 생각했습니다. 물론 이런 역할 분배는 양육과 교육 과정으로 뒷받침되어야 합니다. 그런 점에서 교육은 개인 성향의 차이를 확인하고 그 차이에 따라서 각자의 능력을 잘 실현할 수 있는 상태, 즉 '아레테' 혹은 탁월성의 상태로 인도하는 과정입니다. 그 결과 나라의 전체 시민들이 저마다 자신의 일을 잘할 수 있는 상태에 이르게 되는 것이라고 플라톤은 생각했습니다.

그런 사회적 분업과 조화의 상태가 바로 플라톤이 생각한 한 나라의 올바르고 정의로운 상태입니다. 영혼 삼분설의 그림을 통해서 확인해 보면 플라톤의 생각이 어떤 것인지를 다시 한번 분명하게 확인할 수 있습니다.

개인에게는 이성과 기개, 그리고 욕구가 있습니다. 누구에게나 똑같습니다. 하지만 욕구의 힘이 기개나 이성의 힘을 능가하는 사람들은 생산자나 상인으로서 국가의 물질적인 토대를 제공하는 일을 해야 합니다. 그에 비해 기개가 강한 사람은 군인으로서 나라를 지키는 일 또는 나라의 질서를 유지하는 일에 복무해야 합니다. 그리고 이러한 사람들보다 지성이 강한 사람은 통치자의 역할을 담당해야 한다는 것이죠. 마차의 비유에 따르면 마부의 역할을 담당하는 사람이 지성이 강한 수호자여야 한다는 것입니다. 물론 수호자나 보조자나 생산자는 저마다 자신의 자리에서 자기의 역할을 잘할 수 있는 탁월함을 갖춰야 합니다. 지혜와 용기와 절제가 그런 탁월함인데, 이런 것들이 조화를 이룰 때 바로 국가의 올바름이 이루어진다는 것입니다. 그런 점에서 플라톤에게 한 개인의 정의와 국가의 정의는 동일한 원리에 의해서 규정됩니다.

그런데 이러한 모든 교육 과정에서 가장 중요한 것이 있습니다. 바로 통치자의 능력을 가진 사람들을 선발해서 지혜를 갖게 하는 일이죠. 지혜를 갖는다는 것은 플라톤에게는 이데아에 대해서 아는 것을 뜻하고, 통치자가 이데아에 대해서 안다는 것은 배의 키잡이가 별과 항로에 대한 앎을 갖는다는 것을 뜻합니다. 그런 뜻에서 이데아를 아는 사람은 바로 철학자이고 이러한 철학자가 곧 통치자여야 한다는 것이 플라톤 철인통치론의 핵심입니다.

플라톤은 이렇듯 사회적 분업의 원리와 철학자 교육을 강조했지만 그것 못지않게 그가 강조한 것이 또 하나 있습니다. 철인 통치자는 말할 것도 없고 그를 돕는 보조자의 위치에 있는 사람들은 모두 사적인 관계나 이익에 관심을 두지 않고 온전히 공적인 일에 몰두하도록 제도가 마련되어야 한다고 주장합니다. 즉 공적인 임무를 맡은 사람들은 사적인 가족도, 사유 재산도 없이 엄격하게 공유의 삶을 살아야 한다는 겁니다. 왜 그런 어려운 요구를 할까요? 사익 추구나 사적 관계에 마음을 빼앗기면 공적 의무를 망각하게 되기 때문입니다. 어떤 점에서 플라톤의 통치자들과 보조자들은 가톨릭교회의 사제들과 같은 삶을 살아야 합니다. 유명한 플라톤의 '처자공유제' 주장도 이런 맥락에서 나옵니다. 플라톤은 사적인 가족의 철폐를 주장했던 것이죠.

문득 이런 의문이 듭니다. 통치자들은 모든 행복을 빼앗기는 것이 아닐까? 뛰어난 능력을 갖고 있음에도 불구하고 이들이 자신의 행위를 통해서 얻는 즐거움이나 행복은 도대체 뭘까?

우리는 이런 질문을 던질 수 있지만 그에 대한 플라톤의 대답은 아주 단호합니다. "우리가 이 나라를 수립함에 있어 유념하고 있는 것은 어느 한 집단이 특히 행복하게 되도록 하는 것이 아니다. 나라 전체가 최대한으로 행복해지도록 하는 것이 바로 우리가 이 나라를 수립하는 목적이다." 철인 통치자의 자리에 오른 사람들은 자신의 개인적인 행복을 포기할 만한 단호한 자세를 가져야 한다는 말입니다. 정치가들에 대한 아주 엄격하고도 단호한 플라톤의 요구인 셈이지요.

철인통치론은 가능한 정치적 대안인가?

철인통치론은 매우 짜임새 있는 이론입니다. 하지만 체계적이라고 해서 성공을 보장한 것도 설득력이 있는 것도 아닙니다.

정치를 대중의 손에서 빼앗아 철인 통치자의 독점 사항으로 만들려는 플라톤의 기획은 수많은 반대에 부딪혔습니다. 그런 비판자 가운데 한 사람은 20세기 정치철학을 대표하는 한나 아렌트(H. Arendt, 1906~1975)입니다. 한나 아렌트는 절대적 진리를 아는 자가 통치해야 한다는 플라톤의 주장을 이렇게 반박했습니다. "인간 사회 영역에서 어떤 의견의 뒷받침도 필요 없이 그 자체로 정당성을 갖는 절대적 진리를 요청하는 것은 그 절대적 진리가 어떤 것이든지 간에 모든 정치와 정체의 뿌리를 뽑아놓는 일이다."• 아렌트는 아마도 일상적인 대화를 통해 시민의 역량을 제고하는 것이 '참된 정치'의 길이라고 생각했던 소크라테스의 편을 들 듯합니다. 다양한 의견들을 모아내는 정치가 진짜 정치라는 게 한나

• H. Arendt, Between Past and Future, New York: Penguin Classics 1977, 229쪽.

아렌트의 주장인 셈이죠. 하지만 플라톤은 소크라테스의 삶을 지켜보면서 '참된 정치'를 위한 그의 행동이 혼란한 민주정에 대한 비현실적인 대안이라고 판단했습니다.

저는 플라톤이 아렌트의 말에 대해 뭐라고 대꾸했을지 상상할 수 있습니다. '민주정의 말로는 어차피 정해져 있다. 대중 독재를 거쳐 참주의 독재로 가는 길이다. 그러니 참주가 아니라 철학자가 통치자가 되어야 하는 것은 불가피한 선택이다. 그러니 "많은 사람의 정치"가 아니라 "아는 사람의 정치"가 정치를 구하는 유일한 길이다!'

정말 민주정을 바꿀 수 있는 다른 길은 없는 것일까요? 플라톤은 건강한 민주정이 이루어질 수 있는 조건을 어디서도 찾을 수 없었던 것일까요? 아마도 당대의 현실과 거리 두기가 어려웠던 철학자의 조급증 탓이었을지도 모르겠습니다. 플라톤은 민주정을 개선할 가능성은 고려하지 않았던 것 같습니다. 그래서 건강한 민주정의 조건을 탐색하는 일은 어쩔 수 없이 그의 제자인 아리스토텔레스에게 남겨진 몫이 되었습니다.

지금까지 네 장에 걸쳐서 플라톤의 철학에 관해 이야기했습니다. 우리는 플라톤 철학의 양면성, 즉 형이상학적 성격과 정치적 성격에서 시작해서 이데아론, 영혼론, 정의론을 거쳐 철인통치론까지 살펴보았습니다. 철인통치론은 우리에게 민주정의 위험성에 대해서 고민하게 합니다. 21세기의 민주주의가 위험에 처하고 지구상의 여러 곳에서 반민주주의적 경향들이 나타나는 이러한 시대에 깊이 생각해 보아야 할 것이 바로 플라톤의 민주정 비판과 철인통치론이 아닌가 생각합니다.

3

─ 아리스토텔레스, 행복을 탐구하다 ─

Aristoteles

BC 384 ~ BC 322

즐거움을 넘어서
참된 행복으로 이끄는
실천적 지혜

자연의관찰

서양사상사에서 아리스토텔레스의 권위를 보여주는 말은 수
없이 많습니다. 중세 시대에 그는 '필로소포스(philosophos)',
'철학자'라고 불렸습니다. 그는 성서에 버금가는 권위를 가
진 진리의 화신과 같았죠. 그런가 하면 단테(A. Dante)는 아리
스토텔레스를 '모든 지식인의 스승'이라고 불렸습니다. 모
든 찬사에는 과장이 섞이기 마련이지만 아리스토텔레스에
대한 찬사는 단순한 과장은 아닙니다. 수학이나 천문학 등
을 제외하고 거의 모든 학문이 아리스토텔레스에 의해서 터
를 잡았기 때문이죠. 우리가 철학의 여러 분야로 여기는 논
리학, 형이상학, 윤리학뿐만 아니라 정치학, 수사학, 시학,
심리학, 물리학, 기상학, 화학 등의 학문이 아리스토텔레스
의 손에서 시작되었습니다. 특히 아리스토텔레스는 서양

생물학의 아버지입니다. 하지만 아리스토텔레스를 단순히 '서양정신사의 거인'으로 기억하는 것은 적절치 않습니다. 21세기의 수많은 학문 분야에서 '신-아리스토텔레스주의 (Neo-Aristotelianism)'라는 이름으로 아리스토텔레스의 생각들이 부활하고 있으니까요.

　아리스토텔레스 철학과 학문의 범위와 영향력은 매우 넓어 짧은 시간에 전체 내용을 소개하기는 어렵습니다. 그래서 앞으로 진행될 다섯 장에서는 주로 인간과 사회에 대한 그의 생각을 소개하고자 합니다. 아리스토텔레스는 윤리학과 정치학을 한데 묶어서 '인간적인 것에 대한 철학'이라고 불렀는데 이 철학의 중심 주장이 제가 여러분께 소개할 내용입니다. 주로 세 가지 질문과 그에 대한 대답이 글의 중심 내용이 되겠습니다.

　첫째, 인간이란 어떤 존재인가?

　둘째, 인간에게 '잘 산다'라는 것은 어떤 뜻인가?

　셋째, 인간을 잘 살게 하는 정치는 어떤 것인가?

　다음은 이 세 가지 물음에 대한 '서론'에 해당합니다. 소크라테스나 플라톤 철학과 비교해 볼 때 아리스토텔레스 철학의 새로운 점은 무엇인지, 어떤 배경에서 그런 새로움이 출현했는지 살펴보고자 합니다.

'아테네 학당'의 플라톤과 아리스토텔레스. 라파엘로는 두 철학자의 손짓을 통해 그들이 지향하는 세계를 표현했다. 플라톤은 눈에 보이지 않는 이데아의 세계를 지향한 반면 아리스토텔레스는 눈에 보이는 땅 위의 세계, 특히 동물들의 세계에 대한 관찰을 철학의 출발점으로 삼았다.

관찰자의 삶

아리스토텔레스의 철학은 한마디로 '테오리아의 철학'이라고 말할 수 있습니다. 영어 'theory'의 어원은 그리스어 'theōria'입니다. 사람들은 '테오리아'라는 말을 들으면 곧바로 '이론'을 떠올립니다. 심지어 고대 철학 연구자들도 그런 연상에서 벗어나지 못합니다. 하지만 그리스인들에게 'theōria'는 '이론'이라는 추상적인 뜻보다는 오히려 '관찰', '관람', '구경'이라는 구체적인 뜻을 가진 낱말로 쓰였습니다. '관찰자', '관객', '구경꾼'을 뜻하는 'theōros'의 활동이 바로 '테오리아'였던 것이지요. 그러니까 극장에서 연극을 보는 것도 그리스 사람들은 '테오리아'라고 불렀습니다. 철학자이자 수학자인 피타고라스는 올림픽 경기장에 가는 사람들에 빗대서 사람들을 세 부류로 나누었습니다. 물건을 사고팔기 위해서 가는 상인들, 경기에 참여하는 선수들, 그리고 경기를 구경하러 가는 사람들입니다. 첫 번째 사람들은 이익을 좇는 사람들이고, 두 번째 사람들은 명예를 좋아하는 사람들입니다. 세 번째는 지혜를 추구하는 사람들이죠. 플라톤의 영혼 삼분설을 기억하시죠? 플라톤이 사람을 세 부류로 나눌 때 염두에 있었던 것이 바로 피타고라스의 이 구분이라는 것을 금방 알아차릴 수 있습니다. 그 가운데 철학자는 당연히 마지막 부류에 해당합니다. 사실 모든 철학은 구경꾼의 활동, 즉 '테오리아'라고 부를 수 있으니까요.

소크라테스의 철학도, 플라톤의 철학도 마찬가지입니다. 하지만 아리스토텔레스의 철학은 특히 더 '테오리아'입니다. 왜냐하면 현실과 거리를 두면서 사심 없이 자연을 세심하게 관찰하고 관찰된 자연 현상을 정교한 추리로 설명하는 것이 바로 아리스토텔레스의 철학이기 때문입니다. 그렇다면 아리스토텔레스는 어떻게 '관찰자의 철학'을 하게 되었을까요? 그가 살았던 시대의 환경과 두 아버지와의 인연이 아리스토텔레스의 삶을 결정했습니다. 한 사람은 생명의 아버지고, 다른 한 사람은 정신의 아버지였습니다.

소크라테스나 플라톤과 달리 아리스토텔레스는 아테나이 출신이 아닙니다. 그는 기원전 384년 아테나이에서 육로로 대략 600킬로미터 떨어진 '스타게이라' 혹은 '스카게이로스'라고 불렸던 북방의 도시에서 태어났습니다.● 그의 고향은 새롭게 부상하고 있었던 이웃 마케도니아 왕국의 영향권 아래 있던 아주 작은 도시국가였습니다. 그곳에 가보면 당시의 도시 흔적이 남아 있는데, 두 개의 언덕이 스타게이라의 전부였어요. 인구는 불과 몇천 명에 지나지 않았습니다. 아리스토텔레스의 아버지는 스타게이라에서 서쪽으로 140킬로미터 정도 떨어진 이웃 나라 마케도니아 왕궁의 시의였습니다. 아리스토텔레스는 아버지와 함께 이 나라의 왕궁에 머물

● 조대호, 『아리스토텔레스』, 아르테 2019, 38쪽 이하 참조. 이후 '조대호, 『아리스토텔레스』'로 인용.

렀고 이런 인연으로 생겨난 마케도니아 왕국과의 친분이 평생 그를 따라다녔습니다.

아리스토텔레스의 아버지는 아들이 열다섯 살이 되기 전에 세상을 떠났습니다. 그 밖에 그의 아버지에 대해서 알려진 것은 전혀 없습니다. 하지만 아리스토텔레스는 어렸을 때부터 의사인 아버지가 하는 일을 지켜보면서 몸에 대해서 관찰하는 법을 익혔습니다. 『동물부분론(De partibus animalium)』이라는 생물학 저서에서 그는 이렇게 말합니다.

"만일 어떤 사람이 다른 생명체에 대한 관찰을 무가치한 것으로 여긴다면 그는 자기 자신에 대해서도 똑같이 생각해야 마땅하다. 커다란 혐오감이 없이 인간을 이루는 피, 살, 뼈, 핏줄을 비롯해 그런 종류의 다른 부분들을 눈에 담을 수 없기 때문이다."(『동물부분론』, 1권 5장)

사람의 피, 살, 혈관 등을 직접 눈으로 자세히 관찰해 본 사람이 아니라면 이렇게 확신에 찬 발언을 하기 힘듭니다. 아리스토텔레스는 바로 그런 관찰자였습니다. 아리스토텔레스의 아버지가 더 오래 살았다면 그는 분명 의사가 되었을 겁니다. 가업을 물려받는 것이 당시의 전통이었으니까요. 그랬다면 아마 서양 학문의 역사도 지금과는 완전히 달라졌겠지요. 물론 제 직업도 달라졌을 겁니다.

사춘기 시절 아버지가 세상을 떠난 뒤 아리스토텔레스는

열일곱 살에 아테나이로 유학해서 플라톤의 제자가 됩니다. 새로운 '아버지'와의 인연이 시작된 것이죠. 아리스토텔레스는 플라톤이 세운 학교 '아카데미아'에서 20년 동안 머물면서 10년 동안은 학생으로서 배우고 10년 동안은 선생으로서 가르쳤습니다. 이 시기에 대해서 알려진 것이 많지 않습니다. 하지만 그에 대한 별명이 전해지면서 아리스토텔레스의 됨됨이를 알려주는데, 그는 '독서가'로 불렸습니다. 아리스토텔레스는 사람들과 말하는 것보다 책에서 무엇인가를 찾아내는 것을 좋아했었던 것 같아요. 연설을 중시하고 대화와 토론을 좋아하는 아테나이인에게는 아리스토텔레스의 그런 태도가 생소했습니다. 하지만 아리스토텔레스는 말없이 책에 빠져사는 '책벌레'가 아니었습니다. 독서뿐만 아니라 대화에서도 매우 뛰어난 재능을 보였기 때문에 사람들은 그를 아카데미아의 '지성'이라고 불렀습니다. 아리스토텔레스는 아주 담대한 지성을 가지고 있었습니다. 플라톤이 살아 있을 때부터 스승의 이데아론을 가차 없이 비판했으니까요.

아리스토텔레스가 아카데미아에 머문 지 20년이 지나 어느덧 37세가 되었을 때 스승 플라톤이 세상을 떠났습니다. 아리스토텔레스는 새로운 운명의 기로에 서게 되었습니다. 그는 아카데미아를 떠날 수밖에 없었습니다. 스승이 세상을 떠나고 아카데미아의 학문적 분위기가 바뀌면서 더 이상 그가 머물 만한 곳이 아니었기 때문입니다. 그가 아카데미아를 떠난 또 다른 이유도 있었습니다. 아테나이에서 반(反)마케도니아 정서가 팽배해지면서 아테나이 사람들은 마케도니아와 인연이 깊은 아리스토텔레스를 백안시하게 되었던 겁니다. 아테나이에서 이방인이었던 아리스토텔레스는 20년 만에 무적자, 떠돌이 신세가 된 셈이지요. 하지만 이 변화는 아리스토텔레스에게 새로운 철학의 길을 열 기회를 안겨주었습니다. 책을 읽는 사람, 책 속에서 진리를 발견하던 사람이 이제 자연에서 진리를 발견하는 관찰자로 거듭나게 됩니다. 진짜 테오리아의 삶이 시작된 것이죠.

레스보스섬의 물고기와 새들

자연 관찰자의 삶은 아리스토텔레스가 그리스 세계 곳곳을 떠돌다가 레스보스섬에 체류하던 시기에 본격적인 모습을 갖추게 되었습니다.[*] 레스보스섬은 버킷리스트에 올려놓고 여행을 가볼 만한 곳입니다. 아테나이에서 동북쪽으로 300킬로미터 정도 떨어져 있고 그리스 땅이지만 터키와 아주 가깝습니다. 아테나이의 피레우스항에서 배를 타고 11시간 정도 에게해를 가로질러 올라가면 레스보스섬에 도착합니다. 에게해의 밤바다를 횡단하는 멋진 뱃길입니다. 레스보스섬은 그리스에서 두 번째로 큰 섬

● 조대호, 「아리스토텔레스」, 88쪽 이하.

인데, 제주도보다 조금 작고 서울의 3배 정도 되는 크기입니다. 바다의 짠물이 섬으로 파고들어서 만들어진 두 개의 커다란 석호가 있는데 이 두 개의 석호가 섬의 특이한 모습을 만들어줍니다. 저도 아리스토텔레스에 대한 책을 쓰기 위해서 이 섬에 방문한 적이 있는데 석호 주변의 칼로니(Kalloni) 마을의 광장 한복판에는 아리스토텔레스의 두상이 있었습니다. 기단에는 이런 문구가 새겨져 있었지요. "칼로니 호수에서 위대한 철학자는 345년부터 342년까지 생물학 연구를 수행했다." 칼로니 마을은 아리스토텔레스가 머물며 물고기와 새를 연구한 곳입니다.

레스보스섬은 북쪽 시베리아와 남쪽 아프리카 대륙을 오가는 철새들의 중간 기착지이자 계절을 바꿔가면서 바다와 호수를 오가는 물고기들의 서식지입니다. 아리스토텔레스의 시대에도 그랬고 지금도 그렇습니다. 아리스토텔레스의 저술에는 당시 레스보스섬의 호숫가 모습을 담은 글귀가 있어서 그때의 모습을 상상할 수 있습니다.

"겨울이 되면 망둥어를 빼고 모든 물고기가 피라의 석호 밖으로 헤엄쳐 나가는데 추위 때문이다. 석호가 바깥 바다보다 더 차갑다. 하지만 초여름이면 물고기들은 다시 헤엄쳐 들어온다."(『동물지(Historia animalium)』, 9권 37장)

저는 이 구절을 읽을 때마다 아리스토텔레스가 바다와 호수를 오가는 물고기에 자신의 감정을 이입하지 않았나 생각합니다. 레스보스섬의 새와 물고기는 섬에 사는 사냥꾼들과 어부에게는 생계 수단이었습니다. 지금도 마찬가지입니다. 하지만 아리스토텔레스에게는 새와 물고기들이 관찰과 연구의 대상이었죠. 아리스토텔레스는 레스보스섬의 한 호숫가 마을에서 2~3년 머물면서 물고기와 새에 관한 연구를 시작했습니다. 흑산도에 귀양을 갔던 정약전이 그곳 출신 장창대에게 도움을 받아 『자산어보』를 썼듯이 아리스토텔레스도 어부나 사냥꾼에게 도움을 받았을 것으로 생각됩니다. 하지만 그의 관심은 생계를 위해 동물을 대하는 사람들의 관심을 넘어섰습니다. 그는 『동물발생론』에서 물고기의 짝짓기에 관해 기술하면서 이렇게 썼습니다. "어부들 가운데 어느 누구도 앎을 위해서 그런 것을 지켜보지 않는다." 당연하지요. 옛날이나 지금이나 어부에게 물고기는 생계의 수단이지 앎의 대상이 아니니까요.

레스보스섬에서 이루어진 동물에 대한 세심한 관찰은 아리스토텔레스의 방대한 동물 연구의 출발점이자 서양 생물학의 시작이 되었습니다. 훗날 아리스토텔레스가 저술한 생물학 저서의 한 구절은 당시 동물들에 관한 연구를 시작하면서 그가 품었던 초심을 그대로 보여줍니다.

"보기 흉측한 동물에 관한 연구에서조차도 그런 동물을 만들어낸 자연은 원인을 알아내고 본성적으로 지혜를 사랑하는 사

람들에게 헤아릴 수 없는 즐거움을 안겨준다."(『동물부분론』, 1권 5장)

철학이 대상으로 삼아야 할 것은 눈에 보이지 않는 영원한 이데아의 세계가 아니라 '눈에 보이고 생멸을 거듭하는 흉측한 동물일 수도 있다. 이러한 동물들에 관한 연구가 우리에게 무한한 즐거움을 가져다준다.' 하는 것이 아리스토텔레스가 생물학을 시작하면서 가졌던 초심이었습니다. 그는 평생 이 마음을 잃지 않았습니다.

살아 있는 것을 통해 세상을 보다

아리스토텔레스의 생물학에 대해서는 많은 이야깃거리가 있습니다. 하지만 그 모든 것을 다루는 것은 이 주제의 범위를 넘어서기 때문에 한 가지 질문에만 집중하려고 합니다. 아리스토텔레스에게 생물학적으로 세계를 본다는 것은 무슨 뜻이었을까요?

그것은 좁게 말하면 보이지 않는 이데아 세계를 내세운 플라톤 철학과의 결별을 뜻합니다. 아리스토텔레스는 스승이 닦은 철학의 길이 아니라 자신만의 새로운 길을 가기로 마음먹은 것이죠. 하지만 더 넓은 뜻에서 보면 아리스토텔레스의 그런 결정은 수학적 세계관에 기초한 철학이 아니라 생물학적 세계관에 바탕을 둔 새로운 철학의 등장을 뜻합니다.

이 점부터 따져보겠습니다.

플라톤은 시간과 공간의 물질세계를 벗어난 초월적 이데아의 존재를 옹호했습니다. 아름다움 자체, 용기 자체, 정의 자체 등 도덕적 세계의 이데아나 삼각형 자체, 직선 자체 등 수학적 이데아를 내세우는 것은 듣기에 그럴듯해 보입니다. "삼각형 자체가 있지.", "용기 자체가 있대."라고 하면 "그렇군!" 하고 넘어갈 수 있습니다. 하지만 누군가 생명의 세계에 대해 그런 이데아를 주장한다면 이는 우리에게 뭔가 이해가 되지 않는 일처럼 들립니다. '동물 자체', '사람 자체', '코끼리 자체', '거미 자체'…… '이런 이데아들이 있다는 것이 도대체 무슨 뜻이지?'라는 질문이 생길 수밖에 없지요.

동물이나 사람은 살과 뼈와 피로 이루어진 존재입니다. 그런데 물질적인 부분이 없는 사람 자체, 비물질적인 동물 자체가 있다는 것이 도대체 무슨 뜻일까요? 의문이 듭니다. 태어나지도 않고 죽지도 않는 사람 자체, 생로병사의 변화를 겪지 않는 사람 자체가 있다는 것이 말이 될까요? 당연히 말이 안 되죠. 그래서 아리스토텔레스의 생물학적인 철학이 이데아론을 거부하는 것은 당연한 일입니다.

플라톤의 영혼론도 부정될 수밖에 없습니다. 플라톤은 영혼이 육체와 떨어져서 그 자체로서 존재할 수 있다고 주장했습니다. 하지만 생물학의 관점에서 보면 이것 역시 불가능한 가정입니다. 왜냐하면 사람의 영혼, 즉 사람의 마음과 정신은 몸 안에 머무는 생명의 능력일 뿐이니까요. 영혼이 육체를 떠날 수 있다고 말하는 것은 마치 다리 없이 보행 능력이 있고, 호흡기관 없이 호흡 능력이 있고, 소화기관 없이 소화 능력이 있다고 말하는 것과 다를 게 없습니다. 이렇게 영혼을 육체에 속한 생명의 기능으로 보면 영혼불멸론이나 윤회론도 설 자리가 없어집니다. 영혼이 자체로서 존재한다는 것은 전혀 받아들일 수 없는 생각이 됩니다. 영혼이 육체를 떠나 그 자체로 존재할 수 있는지는 종교적으로 매우 중요한 문제이지만 21세기 과학에서도 흥미로운 문젯거리입니다. 플라톤의 영혼론에 대한 강의에서 말씀드렸듯이 인공지능의 논리에서 윤회론이 부활하기 때문이죠. 어떤 과학자와 공학자는 인간 두뇌의 능력과 정보를 스캔해서 컴퓨터에 업로드하면 개인의 두뇌 기능을 재현할 수 있다고 주장합니다. 그런 뒤에 실리콘으로 몸을 만들어서 컴퓨터에 업로드한 내용을 다시 탑재하면 사람이 재생될 수 있다고 이야기합니다. 이런 과학자들의 상상을 일컬어 '21세기의 윤회론'이라고 부르고 싶습니다. 몸과 분리해서 인간의 정신 능력을 보존하고 재현할 수 있다는 생각은 영혼이 몸에서 분리될 수 있다고 본 플라톤의 영혼론이나 윤회론과 기본적으로 다를 것이 없기 때문입니다. 하지만 영혼과 육체를 분리할 수 없는 것으로 여기는 아리스토텔레스의 관점에서 보면 그런 플라톤주의 사고방식은 전혀 현실성이 없는 공상일 뿐입니다. 영혼이 육체에 속한 기능으로서 존재하는 한 영혼은 육체를 떠나서 존재할 수 없기 때문이죠.

내 영혼과 정신은 바로 내 몸의 영혼이자 정신입니다. 다른 몸이나 실리콘으로 만들어진 인공적인 신체에 나의 정신이 체현되는 것은 불가능하다는 이야기입니다. 몸과 영혼은 떼어낼 수 없는 불가분적으로 연결된 것이기 때문이죠. 이것은 뇌 기능을 통해서 몸에서 분리해 낼 수 있다는 '뇌 중심주의', '뇌 신비주의'에 맞서 오늘날 많은 연구자가 내세우는 반론이기도 합니다. MIT 교수 앨런 재서노프(A. Jasanoff)가 쓴 『생물학적 마음』에서 그는 뇌 신비주의를 비판하고 있습니다.

"뇌를 신성화하면 역설적으로 신경과학의 매우 기본적인 발견, 즉 우리 마음이 지극히 평범한 생리적 과정에 뿌리내린 생물학적인 기초를 가져 자연의 모든 법칙에 따른다는 사실을 제대로 못 볼 수도 있다. 뇌를 신화화함으로써 우리는 뇌를 몸 및 환경과 분리시키며, 그러면 우리는 우리 세계의 상호 의존성을 이해하지 못하게 된다."•

만약에 아리스토텔레스가 살아 있다면 이와 똑같은 주장을 펼쳤을 것이라고 확신합니다.

• 　앨런 재서노프, 『생물학적 마음』, 권경준 옮김, 김영사 2021, 20~21쪽.

인간을 다시 보다, 아리스토텔레스와 다윈

중요한 것은 아리스토텔레스의 생물학으로부터 인간에 대한 새로운 이해가 열린다는 점입니다.

인간도 동물과 똑같이 살아 있는 생명체입니다. 살, 뼈, 피로 이루어진 육체적 존재이고, 감각, 욕망, 상상, 기억, 감정 등을 가진 정신적 존재입니다. 인간과 동물에게 공통된 감각, 욕망, 상상에 대해서 아리스토텔레스는 자신의 저서 여러 곳에서 아주 흥미로운 서술을 했는데, 그 가운데 돌고래에 관한 기술을 여러분에게 소개하고자 합니다. 아리스토텔레스는 돌고래와 관련해서 이들이 매우 온화하고 양순하며 특히 어린 돌고래를 향한 사랑과 애정을 드러낸다고 했습니다.

"돌고래 한 마리가 잡혀서 상처를 입었다. 그러자 한 무리의 돌고래들이 항구로 몰려왔다. 그러다가 어부가 돌고래를 놓아주자 그때 모두 항구를 떠났다. 큰 돌고래 가운데 한 마리는 어린 돌고래를 보호하기 위해서 늘 따라다닌다. 언젠가 사람들은 크고 작은 돌고래들의 무리를 목격한 적이 있다. 이들 중 두 마리 정도가 죽은 아기 돌고래 주변을 떠나지 않으면서 이 돌고래가

물속으로 가라앉으려고 하면 밑에서 헤엄을 치면서 등으로 들어올렸다. 죽은 돌고래를 불쌍히 여겨서 다른 어떤 짐승의 먹잇감이 되지 않도록 하려는 것 같았다."(『동물지』, 9권 48장)

아리스토텔레스의 『동물지』에 나오는 아주 인상 깊은 대목입니다. '우영우 변호사'가 읽었다면 아주 좋아했겠지요? 하지만 아리스토텔레스는 인간과 동물의 이런 공통점을 인정하면서도 그에 못지않게 차이점을 강조합니다. 이 점이 현대 진화론자들과 아리스토텔레스가 근본적으로 갈라지는 지점입니다. 우리가 잘 아는 진화론과 자연선택 이론의 창시자 찰스 다윈(C. Darwin)은 『인간의 유래』라는 책에서 이렇게 썼습니다.

"인간과 고등동물들의 정신 능력의 차이는 그것이 아무리 크다고 하더라도 분명히 정도의 차이이지 본질적인 차이가 아니다."•

다윈이 인간의 본성에 대해 남긴 유명한 구절입니다. 다윈은 인간과 동물 사이에 어떤 본질적인 차이도 없다고 주장한 데 반해 아리스토텔레스는 둘 사이의 본질적인 차이를 강조

• 찰스 다윈, 『인간의 유래』, 김관선 옮김, 한길사 2006, 206쪽.

합니다. 그는 『정치학』에서 그 차이에 대해 이렇게 말합니다. "다른 동물들은 대개 본성에 따라서 살고 몇몇은 습관에 따라서도 산다. 하지만 사람은 로고스에 따라서도 산다. 사람만이 로고스를 갖고 있기 때문이다."●(『정치학』 7권 13장) 아리스토텔레스의 생각이 다윈의 생각과 만나는 지점도 있지만, 인간만이 로고스를 갖고 있고 그런 점에서 다른 동물과 다르다고 주장한다는 점에서 아리스토텔레스는 다윈과 완전히 다릅니다. 아리스토텔레스의 이 말은 무슨 뜻일까요? 로고스를 갖는 존재가 인간이라고 하는 것은 무엇을 뜻할까요? 그의 주장은 충분한 근거를 가지고 있을까요? 다음 장에서는 이 질문들을 중심으로 아리스토텔레스의 인간관에 관해 살펴보겠습니다.

● 아리스토텔레스, 『정치학』, 천병희 옮김, 숲, 404쪽. 이후 '천병희 옮김, 『정치학』'으로 인용.

9장

인간, 실존, 이성

이제부터 아리스토텔레스의 '인간적인 것에 대한 철학'을 본
격적으로 다뤄보겠습니다. 가장 먼저 다룰 문제는 '인간이란
무엇인가?'라는 질문입니다. 철학에서 가장 중요한 문제이기
도 합니다. 앞 장에서 소개했던 아리스토텔레스의 한 구절을
다시 읽고 시작해볼까요? 아리스토텔레스는 『정치학』에서
인간을 다른 동물들과 비교하면서 이렇게 정의합니다.

> **"다른 동물들은 대개 본성에 따라서 살고 몇몇은 습관에 따라
> 서도 산다. 하지만 사람은 로고스에 따라서도 산다. 사람만이
> 로고스를 갖고 있기 때문이다."**(『정치학』, 7권 13장)*

인간이 '로고스를 가진 동물'이라는 의미로 이미 잘 알려

진 인간에 대한 정의입니다. 아리스토텔레스가 인간의 본성을 지적하면서 사용한 그리스어 '로고스(logos)'에는 여러 가지 뜻이 있습니다. '로고스'는 '계산', '이성', '추리', '말', '법칙' 등을 뜻합니다. 그래서 인간이 '로고스를 가진 동물'이라는 의미는 대략 인간만이 이성을 갖고 말을 하고 계산하고 추리한다는 뜻이겠죠. 하지만 우리는 이 정의에 대해 더 깊이 생각해 봐야 합니다. 이 정의가 오랜 시간을 거치며 고정관념으로 굳어져 그 안에 담긴 내용이 무시되기 일쑤이니까요. 자주 공격의 대상이 되기도 합니다. '인간을 특별한 존재로 대우한다.', '인간의 비이성적 측면을 무시한 정의이다.' 등의 비판이 있습니다. 하지만 정말 그럴까요?

인간에 대한 아리스토텔레스의 정의를 비판하는 사람들은 그 의미에 대해 깊이 따져보지 않고 그에 대해 '인간 중심주의', '이성 중심주의' 등의 딱지를 붙입니다. 그러니 인간이 로고스를 갖는다는 것이 무슨 뜻인지, 왜 그것을 아는 것이 중요한지 이번에 확실하게 짚고 넘어가야겠습니다. 아리스토텔레스의 주장을 출발점으로 삼기보다 20세기를 주름잡은 실존주의나 동물행동학 등으로 우회해서 접근해 보겠습니다.

천병희 옮김, 『정치학』, 404쪽 참조.

사람이 돌로 돌을 깨는 모습과 침팬지가 돌로 호두를 깨는 모습에 무슨 차이가 있을까? 침팬지는 돌로 호두를 까지만 사람은 돌로 돌을 때려 돌창날을 만든다. 즉 사람은 돌을 단순한 '도구'가 아니라 '도구를 만드는 도구'로 사용할 수 있다. 인간이 이렇게 2차 도구, 3차 도구…… n차 도구를 만들어낼 수 있는 것은 인간에게 고유한 능력, 즉 로고스의 능력 덕분이다.

인간의 '실존'과 '본질'

'실존', 'existence'는 인간에 대한 20세기의 철학적 논의에서 화두 역할을 한 개념입니다. 실존주의 대표자 사르트르(J. P. Sartre)가 내세운 테제는 아주 유명합니다. "실존은 본질에 앞선다."[*] 이 말은 인간에게는 삶의 원칙이나 방향이 주어진 본질에 의해서 정해진 것이 아니고 개인의 자유로운 선택에 따라서 각자의 삶이 달라질 수 있다는 뜻입니다. 그래서 사르트르의 명제는 반본질주의적이고 반종교적입니다. 인간의 본질, 신에 의해 정해진 운명 등을 부정하는 주장이지요. 어떻게 보면 '신이 죽은 시대의 인간론'이라고 말할 수 있겠습니다.

하지만 20세기를 대표하는 또 다른 철학자 하이데거(M. Heidegger)는 인간에게 있어 실존과 본질의 관계를 사르트르와 다르게 보았습니다. 그는 인간을 '현존재'라고 부르면서 "현존재의 '본질'은 실존에 있다."라고 말합니다.[**] 두 철학자 모두 '본질'과 '실존'이라는 용어를 사용하고 있지만, 뭔가 근본적인 차이가 있다는 것을 여러분도 짐작하실 수 있을 겁니다. 사르트르는 "실존이 본질에 앞선다."라고 말하는

---

[*] "Existence precedes essence." 장 폴 사르트르, 『실존주의는 휴머니즘이다』, 박정태 옮김, 이학사, 2008, 29쪽 참조.

[**] "Das Wesen des Daseins liegt in seiner Existenz." 하이데거, 『존재와 시간』, 이기상 옮김, 까치 2012, 67쪽.

데 반해 하이데거는 그렇게 실존하는 것 자체가 인간의 본질이라고 뒤집어 말하기 때문입니다. 어쨌든 인간이 '실존적'이라는 데서는 두 철학자 모두 동의하는 셈이니 '실존적'이라는 말의 의미에서부터 이야기를 풀어나가면 적절할 듯합니다. '실존'이란 도대체 무슨 뜻일까요?

'실존'이라고 옮긴 'existence'는 'exsistere'라는 라틴어 동사에서 온 낱말입니다. '밖'을 뜻하는 'ex'와 '서다.'를 뜻하는 'sistere'가 합쳐져 만들어진 복합어입니다. 그래서 'exsistere'는 '밖에 서다.', '나가 서다.'라는 뜻이죠. 어원적으로 본다면 '인간이 실존적이다.'라는 말은 곧 '인간은 밖에 선다.', '주어진 경계를 넘어선다.'라는 뜻이죠. 어원을 더 따져보면 라틴어 'exsistere'는 그리스어 'existasthai', 'ekstasis' 등으로 거슬러 올라갑니다. 이 낱말들 역시 '밖에 서다.', '정해진 경계를 넘어서다.'를 뜻합니다. 'ectasy'가 뭐겠어요? 황홀경에 빠져든다는 것은 일상적 의식의 바깥에 선다는 뜻이 아니겠어요? 그렇게 'existence', 'exstasis', 'existere' 등은 모두 '경계를 넘어섬'을 뜻합니다. 그렇다면 어떤 뜻에서 인간은 밖에 서는 존재일까요? 어떻게 인간은 경계를 넘어설 수 있을까요? 인간의 '실존'을 동물의 '적응'과 비교해 보면 그 의미를 분명히 이해할 수 있습니다. '적응', 'adaptation'은 진화론에서 동물의 존재를 이해하기 위한 핵심 개념입니다. 동물은 주어진 환경에 맞춰서 살아갑니다. 적응을 통한 생존이 동물의 삶이죠. 적응하지 못한 동물은 살아남지 못하고 살아남아도 짝짓기를 하지 못해서 후세를 남기지 못합니다. 그런 동물들의 유전자는 영원히 사라져버리겠죠. 진화론에서는 이런 과정을 '자연선택(natural selection)'이라고 부릅니다. 간단합니다. 살아남은 동물은 자연환경에 적응함으로써 선택된 존재라는 말입니다. 자연선택을 설명하는 데 자주 등장하는 기린 그림에 대해서 여러분들이 잘 아실 거예요. 초등학교 때부터 자주 본 적이 있는 그림이죠.

아주 오래전에는 키가 큰 기린도 있고, 키가 작은 기린도 있고, 중간 크기의 기린도 있었습니다. 기린은 높은 나무에 있는 잎사귀를 따먹어야 하는데, 키가 큰 기린은 잎사귀를 쉽게 따먹을 수 있지만 키가 작은 기린은 잎사귀를 따먹을 수 없어서 살아남지 못합니다. 물론 새끼도 남기지 못하죠. 그래서 결국 키가 큰 기린이 잎사귀를 먹고 살아남아 짝짓기를 해서 새끼를 낳고 결국 그런 형질이 다음 세대에 전달됨으로써 모든 기린이 키가 커졌다는 얘기입니다.

사람은 어떨까요? 사람 사이에도 물론 키가 큰 사람이 있고 키가 작은 사람이 있습니다. 뚱뚱한 사람도 있고 마른 사람도 있습니다. 하지만 모두 어울려 삽니다. 사람도 물론 주어진 환경에 적응해야 합니다. 사람도 동물이니까요. 하지만 인간이 살아남는 방식은 단순히 동물적인 적응의 방식과 다릅니다. 왜냐하면 사람은 자신을 자연에 맞출 뿐만 아니라 자연을 자신에게 맞추기도 하기 때문이죠. 동물과 달리 사람은 현재 주어진 것과 다른 생존 환경을 찾거나 주어진 환경 안에서 살아남는 방법을 찾아서 자신의 생존 영역을 넓혀갑니다. 생존 조건의 경계에 구속받지 않는다는 뜻이죠. 이런 뜻에서 인간은 동물처럼 적응하는 존재가 아니라 실존하는 존재, 경계를 넘어서는 존재, 경계를 넓히는 존재라고 할 수 있습니다.

인간 삶의 모든 영역을 살펴보면 인간이 얼마나 실존적인지 쉽게 확인할 수 있습니다. 플라톤이 『국가』에서 인간의 존재를 그려내기 위해 끌어들인 '동굴의 비유'를 기억해 봅시다. 그 비유에는 동굴 속의 죄수 가운데 어느 한 사람이 동굴 밖의 세계로 나가는 이야기가 나옵니다. 이것을 '철학적 실존'이라고 부를 수 있습니다. 동굴 속 세계에서 밖으로 나가니까요. 또 예술가는 기존 장르의 한계를 넘어서서 새로운 것을 창조해 냅니다. 이것을 우리는 '예술적 실존'이라고 부를 수 있습니다. 기존의 예술적 창작이나 표현의 경계를 넘어서니까요. 또 기술자는 기존 기술의 한계를 넘어서서 새로운 기술을 발명합니다. 이것을 '기술적 실존'이라고 부를 수 있겠죠. 심지어 범법자도 '실존적'입니다. 범법자는 정해진 법의 한계나 경계를 넘어서려고 하기 때문이죠. 이것을 일컬어 '범죄적 실존'이라고 부르지 못할 이유가 없습니다. 그래서 『파우스트 박사』를 쓴 독일의 작가 토마스 만(T. Mann)은 "예술가는 범죄자와 미치광이의 형제"라고 얘기했던 겁니다. 미치광이는 '엑스타시스'를 통해서 상식의 경계를 넘어서고, 범죄자는 범죄행위를 통해서 법의 경계를 넘어서고, 예술가는 예술적 창작을 통해서 창작의 한계를 넘어섭니다. 이들 모두가 '실존적인 존재'입니다. 영국의 평론가이자 문화비평가인 테리 이글턴(T. Eagleton)이 인간과 동물의 차이를 부정하는 현대 철학에 대해 남긴 의미심장한 말도 같은 뜻입니다.

> "일부 생기론적 유물론자들은 인간과 나머지 자연의 다름을 강조하는 것은 차별적인 위계를 설정하는 것이라고 우려한다. 그러나 사람은 실제로 몇몇 측면에서 고슴도치보다 더 창조적이다. 또한 사람은 고슴도치와 비교할 수 없을 만큼 파괴적인데 그 원인은 대체로 사람의 창조성과 연결된다. 인간이 고슴도치보다 더 창조적이라는 것을 부정하는 사람은 인간이 고슴도치보다 훨씬 더 파괴적이라는 것을 무시할 위험이 있다."•

인간을 실존하게 하는 힘, 상상과 추리

이야기의 방향을 바꿔봅시다. 인간은 실존적이고 그런 점에서 적응하는 동물과 다릅니다. 인간이 경계를 넘는 것은 쉽게 확인되는 사실인데, 그렇다면

• 　테리 이글턴, 『유물론』, 전대호 옮김, 갈마바람 2016, 26쪽.

인간은 도대체 어떻게 그런 실존적인 존재가 될 수 있을까요? 경계를 넘어설 수 있게 해주는 고유한 능력은 뭘까요?

하나씩 따져봅시다. 경계를 넘어서려면 먼저 경계를 넘어서 있는 자기 자신에 대한 욕망, 경계 밖의 세계에 대한 욕망이 있어야겠죠. '이 상황을 넘어서고 싶다.', '이런 상황에서 밖으로 나가고 싶다.'라는 욕망이 있어야 경계를 넘어설 수 있습니다. 가출도 욕망 없이는 일어나지 않습니다. 하지만 경계를 넘어설 가능성에 대한 상상 없이 그런 욕망이 발동할 수 있을까요? 상상 없이는 욕망이 생길 수 없습니다. 철학자들은 이것을 일컬어 욕망의 '지향성(intentionality)'이라고 부르죠. 욕망은 무언가를 지향하는데 욕망이 지향하는 대상은 상상을 통해서 우리에게 주어진다는 말입니다. 물론 '상상'에는 여러 가지가 있습니다. 내가 밖으로 나가는 상상, 내가 음식점에 가서 음식을 먹는 상상…… 음식점에 가서 뭐를 먹을까? 국수를 먹으러 갔다면 '비빔국수를 먹을까, 냉면을 먹을까?' 하는 다양한 상상이 있고, 거기에는 '비교'가 따르며, 비교를 통해 가장 좋아 보이는 것에 대해서 '선택'이 이루어지고, 이렇게 선택된 것을 실행하는 '행동'이 뒤따르게 됩니다. 국수 한 그릇을 먹는 데도 복잡한 의식 과정이 따릅니다. 이것이 예술가나 기술자나 범죄자에게서 공통으로 나타나는 '경계 넘기'의 전형적인 방식입니다. 인간 실존의 방식이기도 하죠. 어떻게 이것이 가능할까요?

아리스토텔레스에 따르면 그런 실존이 가능한 것은 인간

이 로고스를 가진 존재이기 때문입니다. 로고스를 가진 존재인 인간은 정해져 있는 길을 그대로 따라가지 않습니다. 인간은 경로가 이미 정해진 A-B-C-D의 직선상에서 움직이지 않습니다. 마음의 움직임도, 신체의 움직임도 이런 방식으로 이루어지지 않습니다. 패키지여행 중에도 각자 가고 싶고 보고 싶은 곳이 다릅니다. 경치 사진을 찍어 인스타에 올리기 위해 목숨을 걸기도 합니다. 인간은 하나의 상태가 주어지면 거기에 적응하는 데 그치지 않고 다른 어떤 것을 욕망합니다. 그리고 이 욕망을 실현하기 위해서 여러 가지 가능성을 상상하고, 그렇게 상상된 가능성을 비교하고, 그 가운데 어느 것을 선택하는 방식으로 추리하는 존재라는 이야기죠.

잘 따져보면 인간의 마음에서 일어나는 모든 작용에는 이런 로고스의 작용으로서 '추리'가 따릅니다. 계획하기, 과거를 의식적으로 기억해 내기, 새로운 도구 발명하기, 거짓말 꾸미기, 이야기 꾸미기, 강의나 발표를 위해서 PPT 준비하기…… 그 어느 것도 추리능력 없이는 불가능합니다. 제가 PPT 강의에 사용하는 많은 자료는 이미 준비되어 있습니다. 하지만 강의의 목적에 맞춰 그것 가운데 적당한 것을 골라내서 다시 배치해야 합니다. 그러니까 여기서 찾아내고 저기서 찾아내고 하면서 그것들을 끌어다가 서로 맞춰 보고, 어떻게 맞추는 것이 내용을 논리적으로 전달하는 데 적절한 방법일지 생각해서 순서와 경로를 찾아냅니다. 등산가의 새로운 등정 루트 찾기와 같습니다. 이 모든 작업이 추리능력

덕분에 가능한 것이죠. 여행 계획을 짤 때를 생각해 보세요. 앨범을 보고서 사진 속에 찍힌 자기의 모습이 과연 언제, 어디서의 모습인지 상기한다고 생각해 보세요. 또 거짓말을 꾸민다고 생각해 보세요. 인간의 마음에서 일어나는 활동 중에 추리 활동이 개입되지 않는 것이 있을까요? 대학원 시절부터 아리스토텔레스의 철학을 공부해 왔는데, 그동안 제가 철학에서 찾아낸 가장 중요한 발견은 이 사소한 사실입니다. '인간은 추리하는 존재다, 추리에는 상상이 따르고 비교가 따르고 정당화가 따르고 선택의 과정이 따른다, 이러한 추리 과정으로부터 인간의 과학적 탐구, 실천적 계획, 범죄, 예술, 종교 등 모든 것들을 다 설명을 해낼 수가 있다……' 위대한 발견자의 생각 속에서 제가 찾아낸 가장 중대한 발견입니다. 그 안에 인간을 이해하는 데 필요한 모든 것이 담겨 있기 때문이지요. 그 모든 것을 아리스토텔레스는 인간은 "로고스를 가진 동물"이라는 단순한 정의 안에 압축해 담았습니다.

동물에게는 추리능력이 있을까?

그렇다면 동물에게는 추리능력이 없을까요? 정말 로고스를 가지고 추리할 수 있는 것은 인간뿐일까요? 물론 동물들에게도 감각이 있고 감정이 있고 상상이 있고 기억 등의 인지 능력이 있습니다. 상식적인 사람이라면 누구도 그것을 부정할 수 없습니다. 그런데 상식에 맞서 철학자나 과학자가 '동물은 기계다, 동물에게는 기계적인 움직임이 있을 뿐이다, 내면세계가 없다.'라고 주장한 시대도 있습니다. 구두에 발맞추기식 생각입니다. 기계론적 세계관에 생명 현상을 갖다 맞추려고 한 결과가 그런 독단을 낳았던 겁니다. 하지만 지금은 그런 생각이 더 이상 받아들여지지 않습니다. 당연히 동물에게도 내면세계가 있고 감정이 있고 다양한 인지 활동이 있습니다. 동물들도 보고 듣고 경험한 것을 기억하고 기억을 통해 학습하고 학습으로 습관적인 행동을 합니다. 먹잇감이 있는 것을 기억하고 상상하는 능력이 없다면 나중에 배가 고플 때 먹이가 있는 곳으로 가는 일이 어떻게 가능하겠습니까? 또 기억이 없다면 습관적인 행동이나 학습된 행동이 어떻게 가능할까요? 동물의 이런 인지 능력을 가장 분명하게 인식한 사람이 아리스토텔레스입니다. 그는 『동물지』에서 동물의 기억과 감정, 상상력, 문제 해결 등에 대해서 자세한 기록을 남겼습니다. 지난 강의에서 소개했던 돌고래에 대한 기록을 떠올려보시기 바랍니다. 물론 현대의 동물학자들은 여기에 더해 아리스토텔레스가 관찰하지 못했던 동물의 문제 해결 능력을 확인해서 그것을 우리에게 알려줍니다. 침팬지의 흰개미 낚시에 대한 관찰이 대표적입니다. 개미굴에 있는 흰개미를 낚아내기 위해서 침팬지는 나뭇가지를 꺾어서 잎사귀를 훑어내고 말끔한 나뭇가지를 개미굴에 집어넣어 흰개미들이 나뭇가지에 붙어나오면 그것들을 훑어먹습니다. 또 침팬지는 딱딱한 견과류를 이빨로 깰 수 없어 망치를 사용하기도 합니다. 넓적한 돌을 밑에 놓고 그 위에 호두를 얹은 뒤 둥근 돌을 하나 주워서 호두를 깨 속을 파먹습니다. 사람이 돌덩이로 뼈를 깨는 것과 침팬지가 돌로 호두를 깨는 모습에 큰 차이가 없습니다.

하지만 잘 따져보면 한 가지 본질적인 차이가 있습니다. 침팬지는 돌로 호두를 까지만 사람은 돌로 뼈를 때려 골각기를 만든다는 거죠. 뼈로 된 날카로운 도구를 만든 겁니다. 돌을 침팬지처럼 단순히 도구로 사용하는 것이 아니라 다른 도구를 만드는 도구로 사용하고 있습니다. '도구를 만드는 도구'를 만들어 사용한다는 것, 즉 2차 도구를 만들어 사용한다는 것은 인간만이 할 수 있는 일입니다.

어떻게 동물은 2차 도구를 만들지 못한다고 단정할 수 있을까요? 누군가는 이런 질문을 던질 수 있습니다. '당신은 철학자이고 동물행동학에 대해서 다소 관심 있는 사람인 것 같은데, 어떻게 동물이 2차 도구를 사용하지 못한다고 단정할 수 있습니까?' 하지만 저는 이 문제와 관련해서 나오는 과학 논문을 주의 깊게 확인합니다. 그런데 제가 확인해본 바로는 동물이 2차 도구를 사용한다는 데 대한 어떤 관찰 결과도 학술지에 게재된 적이 없습니다. 이 문제와 관련해서 브라질의 어느 자연공원에서 이루어진 흥미로운 관찰에 대한 논문이 네이처(2016.11.3., Vol. 539)에 실린 적이 있습니다. 카푸친 원숭이가 돌을 들어 다른 돌을 깨는 광경을 과학자들이 목격한 것이죠. 놀랍게도 그렇게 깨진 돌의 형태가 구석기 시대 호모 사피엔스가 만든 돌도구와 거의 유사했습니다. 그렇다면 이 카푸친 원숭이들도 도구를 사용해서 다른 도구를 만들었다고 말할 수 있지 않을까요? 하지만 사실은 그렇지 못합니다. 카푸친 원숭이들은 그렇게 깨친 돌조각을 도구로 이용하지 않았습니다. 그저 냄새를 맡는 것이 관찰되었을 뿐이죠. 아마도 돌을 깼을 때 나는 독특한 냄새가 이들에게 그런 돌깨기를 반복하게 하지 않았을까 생각합니다.

저는 오직 인간만이 로고스의 능력을 지니고 있다는 아리스토텔레스의 주장이 오늘날에도 설득력을 가질 수 있는지에 대해 관심이 있습니다. 그래서 관련 논문을 부지런히 찾아보는데, 아직 한 번도 동물이 2차 도구를 사용한다는 사실을 보여주는 관찰 기록을 발견하지 못했습니다. 그러니까 오직 인간만이 2차 도구를 사용한다는 말을 옳은 것으로 받아들일 수밖에 없고, 1차 도구와 2차 도구의 사용은 로고스의 능력이 있느냐 없느냐에 달려 있다고 결론지을 수밖에 없습니다. 새로운 것을 상상하고 추리하는 능력, 즉 로고스의 능력이 있어 '도구를 만드는 도구'를 만들고 또 '도구를 만드는 도구를 만드는 도구', 즉 3차 도구를 만들어내는 방식으로 인류의 기술은 발달할 수 있었던 겁니다.

고슴도치에게 없는 인간의 창조성과 위험성

이제까지 인간만이 '로고스를 갖

는 동물'이라는 말의 뜻을 설명했습니다. 로고스를 갖는다는 점이 어떻게 인간을 다른 동물과 다르게 만들어주는지도 이제 분명해졌으리라 생각합니다. 요약하면 인간이 로고스를 가지고 있다는 말은 결국 '인간은 상상, 비교, 선택을 하면서 추리를 한다, 셜록 홈즈만 추리를 하는 게 아니라 모든 인간이 추리를 한다, 추리 덕분에 경계를 넘어서 실존한다, 그래서 인간이 실존적이다.'라는 말로 풀이할 수 있습니다. 당연히 그런 추리능력은 육체적으로 약한 존재인 인간에게 무기가 되겠죠. 인간에게는 사자의 발톱이 없습니다. 악어의 이빨도 없습니다. 독수리의 날개도 없습니다. 하마처럼 커다란 몸뚱이도 없어요. 그럼에도 인간이 지구 위에서 살아남을 수 있었던 것은 바로 추리를 하고 이 추리 내용을 공유할 수 있기 때문이라는 이야기입니다. 이 로고스의 능력은 동물들이 가지고 있는 모든 육체적 능력보다도 훌륭한 무기입니다. 그 덕분에 인간은 지구의 정복자가 된 것입니다.

그러나 인간이 가진 이 로고스의 능력은 훌륭한 무기인 동시에 위험한 무기이기도 합니다. 그 위험에 대해 아리스토텔레스는 『정치학』에서 이렇게 말합니다.

"인간이 완전한 상태에 있을 때는 동물 가운데 최선이지만, 법과 정의에서 멀어졌을 때는 모든 것 가운데 최악이다. 왜냐하면 무기를 가진 불의를 다루기가 가장 어려운데, 인간은 실천적 지혜와 탁월함을 얻도록 무기를 가진 채 태어나고도 이를 정

반대의 목적에 쓸 수 있기 때문이다."(『정치학』, 1권 2장)•

앞서 인용한 이글턴의 "사람은 고슴도치와 비교할 수 없을 만큼 파괴적인데, 그 원인은 대체로 사람의 창조성과 연결된다."라는 말의 뜻과 같습니다. 인간은 자신이 가진 로고스의 능력 덕분에 삶의 경계를 넓히면서 문명을 만들어냈습니다. 하지만 동시에 인간은 그 능력 때문에 다른 존재의 삶을 침범하고 심지어 산업혁명 이후에는 지구를 사람이 살 수 없을 정도로 파괴하는 수준에 이르렀습니다. 인간의 로고스의 능력이 파괴의 도구로서, 타인과 타자의 존재 영역을 침범하는 도구로서 위험하게 사용되었다는 겁니다. 그래서 두 얼굴을 가진 이 위험한 무기를 어떻게 잘 사용할 것인가는 인간의 영원한 숙제, 철학의 영원한 과제라고 말할 수 있습니다. 이에 대한 아리스토텔레스의 대답은 무엇일까요? 그의 대답은 위에서 인용한 구절에 나와 있습니다. '실천적 지혜'와 '탁월함'을 갖출 때 로고스라고 하는 무기를 '잘' 쏠 수 있다는 것입니다. 이것이 바로 아리스토텔레스의 대답이죠. 이어지는 다음 두 장에서는 로고스를 가진 존재로서 위험한 인간에 대한 아리스토텔레스의 처방을 한번 생각해 보기로 하겠습니다.

• 천병희 옮김, 「정치학」, 22쪽 참조.

10장

행복과 덕

이번 장에서는 '인간에 대한 철학'의 두 번째 질문을 다루고
자 합니다. '인간에게 잘 산다는 것은 어떤 뜻인가?' 아리스
토텔레스가 '잘 사는 것', 즉 '행복'에 대해 무슨 말을 하는지,
그는 잘 사는 조건으로 '탁월함' 혹은 '덕(aretē)'을 내세우는
데 그 이유는 무엇인지 한번 따져보려고 합니다. 그런 뜻에
서 이번 주제는 행복과 덕입니다.

우리는 잘 살고 있나?

현실 이야기에서부터 시작해 볼
까요? 저는 1970년대 중반 이후 중학교와 고등학교를 다녔
습니다. 그 무렵 중·고등학생이라면 누구나 아니 대한민국

국민이라면 누구나 주문처럼 외우던 문구가 있습니다. '수출 100억 달러, 일인당 국민소득 1000달러.' 전 국민이 이 목표를 향해 질주하던 시대였습니다. 이 목표가 실현되면 우리나라가 선진국이 되고 잘사는 나라가 되리라 사람들은 생각했습니다. 아마 이 책을 읽는 많은 분 가운데서도 '수출 100억 달러, 일인당 국민소득 1000달러'가 주문처럼 입에서 튀어나오는 분들도 있을 것입니다. 그때 그 시절 사회적으로 중요한 이슈가 또 하나 있었습니다. 바로 '인구 억제', '산아 제한'이었죠. '둘만 낳아 잘 기르자!'라는 표어가 '수출 100억 달러, 일인당 국민소득 1000달러'와 똑같이 주문처럼 사람들의 귓전을 맴돌던 시절이었죠. 1960년대가 베이비붐 시대였기 때문에 1970년대에 들어 '산아 제한'이 중요한 사회적 이슈가 되었습니다. '생산과 소비 수준을 높이고 출산율은 낮추자!' 한마디로 말하면 이것이 두 세대 전 대한민국의 국가적 목표였습니다.

50년이 가까운 시간이 지났습니다. 드디어 꿈이 이루어졌습니다! 생산과 소득 수준이 급등하고 출산율은 급락했으니까요. 2022년 우리나라의 수출액은 대략 6150억 달러라고 합니다. 1970년대의 목표 수출액의 60배로 늘어난 셈이죠. 일인당 국민소득은 3만 7000달러에 달한다고 합니다. 30배가 늘어난 셈이죠. 그리고 평균 출생아 수는 1970년 4.53명에서 2023년 2분기에 0.7로 떨어졌습니다. 1970년에 신생아가 100만 6645명이 태어났다면, 2022년에는 24만 9186명이

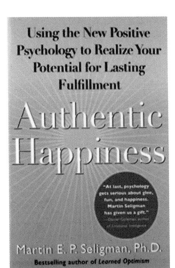

'긍정 심리학의 아버지' 셀리그만(M. Seligman)은 심리학 연구의 목적을 '고통의 무게를 줄이는 것'에서 '행복의 무게를 늘리는 것'으로 바꿈으로써 심리학의 새로운 패러다임을 제시했다. 그는 단순한 즐거움이 아닌 '진짜 행복(authentic happiness)', 즉 '에우다이모니아(eudaimonia)'가 각자의 덕과 강점 들을 실현하는 데 있다고 주장한다. 긍정 심리학의 이런 주장은 에우다이모니아를 "덕에 따르는 활동"으로 규정한 아리스토텔레스의 철학을 배경에 둔 것이다.

태어났다고 하네요. 세계에서 유례없이 낮은 출산율입니다. 목표를 초과 달성했으니 성공한 나라가 되었나요?

코로나19 유행병이 출현하기 직전 2019년 여름 독일을 여행할 때의 기억이 제게는 생생합니다. 학생 시절 살았던 기숙사 근처의 놀이터를 오랜만에 찾아가 보았습니다. 아이들을 데리고 나가 놀곤 했던 추억의 장소인데 아주 생소한 느낌이 들었습니다. 낯익음과 낯섦이 공존하는 느낌이었죠. 낯익음은 제가 아이들을 키울 때 함께 갔던 놀이터의 광경이 그대로 남아 있는 데서 오는 것이었습니다. 그때와 똑같이 아이를 키우는 젊은 부모들이 삼삼오오 팔짱을 끼고 놀이터 주변에서 이야기를 나누고 아이들은 공원에서 와글와글 놀고 있었습니다. 그런데도 그 광경이 낯선 이유는 단 한 가지였습니다. 우리나라에서 더 이상 찾아볼 수 없는 모습이었기 때문입니다. 그렇게 아이들이 버글거리며 뛰어노는 공원은 대한민국 어디에도 없으니까요.

저 같은 1960년대생들이 클 때는 아이들이 많았지만 뛰어놀 공원은 없었습니다. 조그만 공원이 초만원이었습니다. 축구장, 야구장, 오징어 게임장…… 모든 것이 작은 놀이터 안에 있었습니다. 지금은 정반대입니다. 어떤 아파트 단지든지 공원이 많지만 노는 아이들이 없습니다. 도대체 이런 상황이 뜻하는 것은 무엇일까요? 대답이 너무 자명해서 에둘러 말할 필요도 없습니다. 우리는 미래가 사라진 삶을 살고 있는 겁니다. 목표치를 달성하기 위해, 현재의 경제 수준을 유지하기 위해 미래를 위한 힘과 시간을 끌어다 썼고 지금도 그렇게 살고 있습니다.

이처럼 미래의 자원과 시간을 가져다 쓰면서 우리가 만족하고 있다면 그래도 어느 정도 변명의 여지가 있을지 모르겠습니다. 그런데 미래를 빚내어 살고 있음에도 불구하고 우리의 현재는 만족스럽지 않습니다. 대다수가 열심히 사는 것 같은데 행복지수는 언제나 OECD 국가 가운데 바닥입니다. 2022년 발표된 세계 행복보고서에 따르면 한국은 전체 149개 국가 가운데 60위를 차지했다고 합니다. 2016년부터 2019년까지 통계를 보면 대충 55위 위아래를 오르락내리락합니다. 행복지수는 올라가지 않고 오히려 떨어지고 있죠. 이러한 상황을 한마디로 요약하자면 '잘살게 되었지만 잘 살지 못한다.'라는 이야기입니다. 좀 이상하지만 틀린 말이 아닙니다. 좀 더 논리적으로 분석해 정확하게 말하면 '생산과 소비의 수준은 올랐지만 삶의 만족도는 그만큼 올라가지 않았다.'라는 뜻이 되겠죠. 도대체 무엇이 문제일까요?

'잘 산다'의 뜻

사회학자나 인구학자나 정치학자는 저마다 다른 관점에서 이런 문제를 분석하고 해결책을 모색합니다. 저같이 철학을 하는 사람은 보다 근본적인 질문을 던지지 않을 수 없습니다. '도대체 우리가 꿈꿔온 잘 사는

삶은 무엇인가?', '이런 극단적인 상황에서 우리가 지양할 만한 삶은 무엇일까?'

잘 살기 위해서는 물론 생산과 소비 수준이 유지되면 좋고 상승하면 더 좋겠죠. 하지만 잘 사는 데 필요한 것이 그것만은 아닙니다. 우리나라의 낮은 행복지수가 말해줍니다. 만족을 주지 못하는 생산과 소비는 잘 사는 것과 관계가 없습니다. 쓰레기만 더 만들어 환경을 파괴할 뿐이니까요. 그렇게 보면 오히려 '즐겁게 사는 것'이 '잘 산다'라는 말의 뜻에 더 맞을 것 같아요. 실제로 '잘 사는 게 무엇인가?'라고 사람들에게 물어보면 대다수 질문을 받은 분들은 이렇게 대답합니다. "즐겁게 사는 것이지." 하지만 꼼꼼히 따져보면 이것도 충분치 않아 보입니다. 왜냐하면 나쁜 짓을 하면서 즐겁게 사는 것을 보고 우리는 '잘 산다.'라고 말하지 않기 때문이죠. 갑질을 하면서 즐거워한다거나 마약을 하면서 즐거움에 빠진 사람을 보고 우리는 그가 '잘 산다.'라고 말하지 않습니다. 가까운 친척 중 누군가가 마약을 한다는 이야기를 전해 듣고서 '하, 그 친구 잘 살고 있네!'라고 말하나요?

그렇다면 '잘 산다.'라는 것은 대략 좋은 일을 하면서 즐겁게 사는 것으로 생각해 볼 수 있습니다. 잘 사는 것을 이렇게 정의하면 후속적인 질문이 따라나옵니다. '어떻게 좋은 일을 하면서 즐겁게 살 수 있을까? 어떤 조건에서 그런 삶이 가능할까?' 아리스토텔레스의 윤리학은 바로 이런 질문에 대한 대답입니다. '윤리학'이라는 말이 딱딱해서 우리를 긴장시킬 수 있지만, 아리스토텔레스 윤리학은 '우리가 어떻게 잘 살수 있을까? 잘 산다는 것이 무엇인가?'라는 질문에서 출발하는 학문입니다. 아리스토텔레스는 좋은 일을 하면서 즐겁게 사는 것을 '행복'이라고 하면서 그런 행복은 탁월함, 즉 덕에 따라서 사는 데 있다고 말합니다. 좀 더 자세히 살펴보면 이 말이 무슨 뜻인지 이해가 가실 겁니다.

행복은 '에우다이모니아'

아리스토텔레스는 잘 사는 것을 일컬어 '에우다이모니아'라고 부릅니다.• 최근 들어 긍정 심리학(positive psychology)이 참된 행복을 가리키는 말로 '에우다이모니아'라는 낱말을 사용하면서 새롭게 주목을 받기 시작했습니다. '에우다이모니아'의 어원인 '에우다이몬'은 본래는 '좋은 운명을 타고났다.', '좋은 다이몬을 타고났다.', '팔자가 좋다.', '금수저로 태어났다.'라는 뜻입니다. 물론 팔자가 좋으면 잘 살 가능성이 높지요. 하지만 아리스토텔레스는 행복의 조건으로 '좋은 다이몬', '좋은 운명', '좋은 팔자'를 놓지 않고 그 자리에 '좋은 습성'을 놓고 이를 '탁월함' 혹은 '덕'이라고 불렀습니다. 탁월함은 좋은 습성에서 생겨나

●　아리스토텔레스, 『니코마코스 윤리학』, 강상진 외 옮김, 길 2016. 이후 '강상진 외 옮김, 『니코마코스 윤리학』'으로 인용.

고 그런 탁월성에 따라서 사는 것이 '잘 사는 것', 즉 '행복'이라는 말이죠.

그렇다면 에우다이모니아, 참된 행복의 조건이 되는 탁월함에는 어떤 것일까요? '탁월함'이라는 용어에 대해서는 소크라테스와 플라톤을 다룰 때도 소개한 적이 있습니다. 한마디로 말하면 탁월함은 '어떤 것이 자신의 기능을 잘 실현해서 작용할 수 있게 만들어주는 상태'를 뜻합니다. 말의 탁월함은 잘 달리는 데 있고, 피리의 탁월함은 소리를 정확하게 잘 내는 데 있고, 피아니스트의 탁월함은 피아노 연주를 잘하는 데 있겠죠. 그와 마찬가지로 인간의 탁월함은 인간에게 본래 기능을 잘 실현하면서 잘 살 수 있게 하는 역량입니다. 그래서 탁월함에 따르는 삶을 '에우다이모니아'라고 부른다면 이 말은 주관적으로 즐거움을 느끼는 상태가 아니라 인간이 타고난 본성적 능력을 지속적으로 잘 실현하면서 잘 사는 것을 뜻합니다. 일상어에서는 '행복하다.'가 '즐겁다.'와 동의어처럼 쓰입니다. '아 행복해!'라는 감탄은 '지금 나 즐거워!', '지금 순간이 만족스러워!'라는 말과 같은 뜻이지요. 아리스토텔레스의 영어권 번역자들도 과거에는 '에우다이모니아'를 'happiness'라고 번역했지만 이제는 그런 일상적 의미와 구별하기 위해서 '번성한다.', '성공적이다.'라는 뜻의 'flourishing' 혹은 'thriving'이라는 말을 자주 사용합니다. '에우다이모니아'를 삶의 목표로 강조하는 긍정 심리학의 창시자 셀리그만은 『긍정 심리학』이라는 책을 썼습니다. '진짜 행복'이 있다면 '가짜 행복'도 있겠죠. 셀리그만이 생각하는 '가짜 행복'은 주관적 즐거움, 순간적 만족입니다. 그에 비해 '진짜 행복'은 자신의 강점을 잘 살려 번성하는 삶을 사는 것이지요. 셀리그만의 다른 책 제목이 『플로리시』인 것도 그 때문입니다. 어떤 것이 인간에게 그런 '번성'의 상태일까요? 식물은 꽃을 피우고 열매를 맺고 씨를 남겨서 본성을 실현합니다. 이런 상태에 놓인 식물을 보고 우리는 '잘 산다.'라고 말합니다. 동물이 '잘 산다.'라고 할 때는 의미가 조금 다릅니다. 동물이 잘 사는 것은 생명을 유지하고 번식을 잘하는 것뿐만 아니라 자유롭게 놀고 활동하는 것까지 포함하기 때문입니다. 그렇다면 인간의 경우 어떨까요? 당연히 인간이 본성적으로 로고스의 능력을 타고 났다면 이 로고스의 능력을 잘 실현하면서 사는 것, 그럼으로써 즐거움을 느끼는 것 바로 이것이 인간에게는 '진짜 행복', '플로리싱'이 되겠죠. 물론 이런 상태에는 즐거움이 따라붙기 마련입니다. 모든 게 잘 되는데 즐겁지 않을 사람이 어디 있겠습니까? 그래서 아리스토텔레스는 "한창때의 젊은이들에게 아름다움이 깃들 듯이"(『니코마코스 윤리학』 10권 4장)• 인간의 본성을 실현하는 활동에도 즐거움이 따른다고 말합니다.

이렇게 탁월함 또는 덕을 잘 사는 것의 조건으로 내세우

• 강상진 외 옮김, 『니코마코스 윤리학』, 361쪽 참조.

는 데 대해서 거부감이 생길 수 있습니다. 반감도 들 수 있죠. 어떤 사람은 '덕스럽게 살라.'라는 말이 자신을 구속한다고 생각할 수 있어요. '왜 도덕의 틀을 나한테 덮어씌워서 자유를 침해하는 거야?'라고 반문할 수도 있습니다. 또 직업적 성취를 삶의 목표로 삼는 사람들은 그 나름의 이유에서 '덕스럽게 살라.'라는 요구에 반감을 표출할 수도 있습니다. '도덕적이지 않으면서도 성공한 사람들이 얼마나 많아? 도덕적으로 사느니 도덕이 없더라도 난 성공한 삶을 살고 싶어! 그러니까 도덕에 대해서는 입도 뻥긋하지 말라!' 이렇게 목소리를 낼 수 있죠. 실제로 이렇게 얘기하는 사람들이 끌어들일 수 있는 사례가 없지 않습니다. 어떤 정치가는 세금을 하나도 내지 않고 자신의 부를 축적하면서 정치적인 권력을 행사합니다. 또 어떤 사업가는 자기가 인수하는 회사에 화장지까지 없애면서 건물의 유지비용을 절감하겠다고 해요. 악취가 진동한다는 이야기가 나왔습니다. 2023년 초에 자주 뜬 기사의 내용입니다. 이런 사례 때문에 '덕 없이도 성공적인 삶을 살 수 있잖아?'라는 질문이 가능한 거죠. '덕스러운 삶을 사느니 나는 차라리 트럼프 같은 권력자가 되거나 머스크 같은 갑부가 되겠다!'

'덕을 가져야 잘 살 수 있다.'라는 말이 그렇게 거부감을 준다면 저는 좀 다른 관점을 취해서 잘 사는 것에 대한 의미에 대해서 이야기해 보려고 합니다. 그것은 바로 즐거움에 관한 이야기를 통해 덕이 왜 행복의 조건인지 살펴보는 것입니다.

즐거움, 욕망, 습관, 덕

'즐거움'이 잘 사는 데 빠질 수 없
는 부분이라는 것은 분명합니다. '잘 살긴 하는데 도대체 즐
겁지가 않아!'라고 말하는 사람은 없으니까요. 그 말은 '이
도형은 삼각형인데 각이 없네?'라는 말과 똑같지요. 그처럼
명백한 사실이 또 하나 있습니다. 사람마다 즐거움이 다르다
는 것입니다. 즐거움은 주관적입니다. 육체적인 만족에서 즐
거움을 느끼는 사람, 인기에서 즐거움을 느끼는 사람, 책을
읽고 배우는 데서 즐거움을 느끼는 사람…… 저마다 즐거움
이 다릅니다. 하지만 이 모든 즐거움을 한마디로 정의를 한
다면 즐거움은 '욕망의 만족'입니다. 바꿔 말하면 즐거움의
종류는 여러 가지라도 욕망의 만족 없는 즐거움은 없다는
것입니다. 갖고 싶은 것을 갖고, 하고 싶은 것을 하고, 이루
고 싶은 것을 이룰 때 우리는 즐거움을 느끼니까요. 그렇다
면 욕망은 또 어떨까요?

즐거움이 다양하듯이 욕망도 다양합니다. 육체적 즐거움
을 주는 육체적 욕망, 인기의 즐거움을 주는 명예욕, 앎의 즐
거움을 주는 지적 욕망 등 여러 가지가 있겠죠. 하지만 모든
욕망은 크게 두 종류로 나눌 수 있습니다. 상식적으로 우리
가 동의할 수 있는 구분인데, 하나는 '타고난 욕망'이고, 다
른 하나는 '획득된 욕망'입니다. 타고난 욕망은 우리에게 생
물학적으로 주어진 본성적인 것이고, 획득된 욕망은 살아가

면서 습관을 통해서 생겨나는 욕망입니다. 예를 들어 허기를 채우려는 것은 본성적인 것이죠. 하지만 맛집을 찾아가는 것은 습관적인 것이에요. 오락을 원하는 것은 본성적입니다. 스트레스를 풀려고 하는 것도 본성적이죠. 하지만 멜로영화를 보면서 스트레스를 푸느냐, 공상과학 영화를 보면서 스트레스를 푸느냐 하는 것은 습관과 취향의 문제이죠. 또 인정에 대한 욕망은 본성적이에요. 누구나 타인에게 인정을 받고 싶어 합니다. 하지만 인정을 받기 위해서 내가 무엇을 할 것인지는 자기에게 익숙한 습관에 달려 있습니다.

이렇듯 사람의 욕망과 즐거움은 살아온 방식, 즉 습관과 거기서 생겨난 습성 혹은 성향의 차이에 따라 달라질 수밖에 없죠. 습관은 우리를 어떤 일에 익숙하게 만들어줍니다. 익숙한 일은 쉽고 편안하며 즐거움을 주지요. 반면에 습관을 벗어난 것은 낯설고 불편하여 힘듭니다. 그런 뜻에서 즐거움과 고통, 불만족과 만족은 습관에 의해 형성된 욕망의 산물입니다. 간단히 말하면 좋은 습관이 있으면 좋은 욕망이 생겨나고 좋은 욕망은 그 욕망을 실현하면서 좋은 즐거움을 줍니다. 즉 좋은 즐거움을 지니고 좋은 일을 하는 사람이 좋은 삶을 산다는 얘기입니다. 잘 산다는 뜻이죠. 좋은 삶은 어디로 갈까요? 좋은 삶은 다시 좋은 습관으로 가겠죠. 좋은 일을 하면서 즐거움을 느낀 사람은 그 즐거움 때문에 다시 좋은 일을 하기 마련입니다. 그래서 좋은 습관, 좋은 욕망, 좋은 즐거움, 좋은 삶 사이에서 좋은 사이클, 즉 '행복의 사이클'이 생겨납니다.

아리스토텔레스가 말하는 '탁월함' 혹은 '덕'은 바로 그런 뜻에서 좋은 욕망에 부합하는 좋은 즐거움을 주면서 좋은 삶으로 인도하는 좋은 습관의 결과, 즉 좋은 습성을 가리킵니다. 어떤 사람이 좋은 일을 하면서 즐거움을 느낄 수 있는 상태에 있을 때 그 사람을 두고 '탁월함이 있다.', '덕이 있다.'라고 말한다는 것입니다. 그런 뜻에서 아리스토텔레스의 윤리학은 우리에게 탁월한 역량을 실현하면서 잘 살 수 있게 만드는 습관과 습성에 대한 이론입니다. 그래서 '윤리학'을 뜻하는 그리스어 'ēthikē'는 '습성', '성격'을 뜻하는 'ēthos'에서 나왔고 이 낱말은 '습관'을 가리키는 'ethos'에서 파생되었습니다.• 즉 윤리학은 '좋은 습관에서 생겨난 좋은 습성, 혹은 습성의 탁월함에 대한 연구'라고 정의할 수 있습니다.

덕은 어떤 뜻에서 중용인가?

우리에게는 욕망이 있고 이 욕망은 여러 가지 대상 영역에 관계합니다. 감정의 영역, 재물이나 명예와 같은 외적인 영역, 친구 관계나 가족관계와 같은 사회적 영역이 있습니다. 두려운 것이 생기면 두려움을 피

• 『니코마코스 윤리학』 2권 1장. 강상진 외 옮김, 『니코마코스 윤리학』, 51쪽 참조.

하고 싶은 욕망이 생길 수도 있고, 두려움에 무모하게 나서려고 하는 욕망이 생길 수도 있어요. 하지만 중간에서 두려움에 맞서서 용기를 낼 수 있는 상태에 있을 수도 있죠. 즐거움을 추구하는 욕망이 일어나면 무절제하게 그 욕망에 쉽게 달려들 수도 있는가 하면 즐거움의 욕망에 대해 아주 둔감할 수도 있어요. 하지만 중간에서 적절하게 즐거움을 즐기는 태도나 그런 태도를 유지할 수 있는 상태에 있을 수도 있죠. 그것을 아리스토텔레스는 '절제'라고 부릅니다.

　사회적 삶과 관련된 욕망, 예를 들어 친교 관계에서도 마찬가지겠죠. 사람들과 사귀면서 친교 관계를 유지하려고 하는 것은 인간과 동물 모두에게 본질적인 욕망입니다. 그런데 어떤 사람은 가볍게 아첨을 하면서 친교 관계를 유지하려고 하는가 하면 또 어떤 사람은 그런 욕망을 거의 갖고 있지 않아서 주변 사람들에게 불친절하게 대할 수 있습니다. 반면에 그 중간에서 친애의 관계로서 사람들과 친밀한 관계를 유지할 수 있습니다. 이렇게 중간에 있는 것이 아리스토텔레스가 강조하는 '습성의 탁월함'이라고 보면 됩니다. 이 습성의 목록 안에 아리스토텔레스가 에우다이모니아의 삶을 가능하게 하는 것으로 보는 좋은 습성들이 담겨 있는 것이죠.

　아리스토텔레스는 이런 탁월함이 감정이나 행동에서 중간을 지향하는 상태에 우리를 있게 한다고 말합니다. 그래서 탁월함이란 중용, 즉 두 극단 사이의 중간이라는 말이 나온 것이죠. 절제는 무절제와 둔감 사이의 중간이고, 재물 사용에서의 넉넉한 씀씀이는 낭비와 인색의 중간입니다. 아마 여러분도 많이 들어보셨을 겁니다. 하지만 그렇다고 해서 모든 일에 극단과 중간이 있는 것은 아닙니다. 아리스토텔레스는 도둑질, 사기, 거짓말 등 그 자체로 나쁜 일에는 중용이 없다고 얘기합니다. '100만 원을 훔치는 것과 10만 원을 훔치는 중간에서 50만 원만 훔치는 것이 도둑질의 중용이다.' 이런 얘기는 할 수 없죠. 돈을 훔치는 일은 그 돈이 100만 원이건, 10만 원이건, 50만 원이건 모두 나쁜 것이니까요. 그래서 아리스토텔레스는 나쁜 일에는 중용이 없지만 중립적인 감정이나 행동에는 중용이 있고 그것을 따르는 것이 바로 탁월함을 갖춘 사람의 삶이라고 말하는 것이죠. 그는 '중용'을 과녁의 중심에 비유합니다. 중용에 따르는 행동을 한다는 것은 곧 과녁의 중심을 궁수가 맞추는 것과 같다는 뜻입니다. 아리스토텔레스에 따르면 이런 뜻에서 중용의 덕을 따르는 삶이 곧 잘 사는 삶이고 행복한 삶입니다.

덕이 없는 삶에 성공과 즐거움이 있을까?

다시 처음에 했던 이야기로 돌아가 봅시다. 덕을 따르는 삶은 자율성도 없고 성공에 방해가 되는 것일까요? 과연 아리스토텔레스가 『니코마코스 윤리학』에서 제시하는 도덕이 우리를 억압하고 성공을 가로막을까요? 저는 그렇게 생각하지 않습니다. 왜냐하면 덕에 따르는 삶은 우리에게 좋은 습관을 갖게 함으로써 더 자유롭게 만들어주기 때문이죠. 텔레비전 프로그램 〈세상에 나쁜 개는 없다〉를 보신 분들은 아실 겁니다. 거기 보면 습관이 잘못 들어서 주인한테 달려들고 친구들과 사귀지도 못하고 산책도 하지 못하는 개들이 많이 나옵니다. 그런데 습관을 바꾸어주면 주인과 좋은 관계를 맺고 친구들도 사귀고 밖에서 자유롭게 산책도 합니다. 그렇게 습관을 바꿔주는 것은 강제적인 것일 수 있지만 결과적으로 개에게 더 많은 '자유'를 가져다주지요. 사람이라고 다를까요? 또 절제를 가지고 다른 사람들과 잘 사귈 수 있는 역량을 갖춘 사람이 과연 직업적인 영역에서 성공하지 못할까요? 물론 사람의 운명을 예측할 수 없기 때문에 좋은 사람들이 항상 성공한다고는 장담할 수 없습니다. 하지만 좋은 습성을 가진 탁월함이 운명의 바람과 파도에 내맡겨진 인생 항해에서 튼튼한 돛대가 되리라는 것은 명백합니다. 그런 탁월함을 가진 사람은 어떤 일을 하든지 동료들과 좋은 관계를 유지하면서 행복한 삶을 살 수 있으리라 생각합니다. 아리스토텔레스도 그렇게 생각했습니다.

물론 중용의 덕과 무관하게 성공한 사람들도 있어 우리는 도덕과 성공 사이의 간극을 느끼지 않을 수 없습니다. 우리가 잘 아는 트럼프 같은 사람은(조카가 쓴 전기에 따르면) 너무 많은 것을 원하고 어떤 일에서도 만족할 줄 모르는 사람입니다.•아리스토텔레스 중용의 윤리학에 비추어본다면 도덕과는 아주 거리가 먼 사람이죠. 하지만 그렇다고 해서 우리는 트럼프를 '성공하지 못한 사람'이라고 말해야 할까요? 트럼프는 탁월함에 따르는 삶이 '에우다이모니아'이고 '번성하는 삶'이라는 주장에 대한 한 가지 반사례가 되고 있습니다. 하지만 그에 대해서는 또 이런 반문이 가능합니다. 과연 트럼프의 삶이 만족스러운 것이었을까요? 에우다이모니아에는 즐거움이 따른다고 가정할 때 그런 즐거운 삶을 살았을까요? 지금 그의 삶은 즐거울까요? 머그샷에 찍힌 분노에 가득 찬 그의 얼굴이 모든 것을 말해주지 않나요? 밑 빠진 독에는 아무리 물을 부어도 채워지지 않습니다. 덕을 갖추지 못한 욕망도 아마 그럴 겁니다.

지금까지 인간에게 '잘 산다.'라는 것이 무엇인가라는 질문에서 시작해서 행복과 덕의 관계에 관해 이야기했습니다. 아리스토텔레스에 따르면 좋은 습관을 통해 형성된 습성에 따라 자기에게 주어진 능력을 실현하는 삶이 행복하고 즐거운 삶이라고 요약할 수 있습니다. 다음 장에서는 아리스토텔레스가 행복의 또 다른 조건으로 내세우는 '실천적 지혜'에 대해서 살펴보려 합니다.

●　Mary L. Trump, Too Much and Never Enough: How My Family Created the World's Most Dangerous Man, Simon & Schuste 2020.

실천적 지혜

아리스토텔레스의 '인간에 대한 철학'에 관한 세 번째 장입니다. 이번 주제는 아리스토텔레스 윤리학에서 가장 중요하고 매력적인 문제입니다. 아리스토텔레스 윤리학에서 중요한 세 가지 개념을 뽑는다면 '행복', '탁월함' 그리고 오늘 다루게 될 '실천적 지혜(phronēsis)'가 있습니다. 그리스어 원어 'phronēsis'를 영어권에서는 보통 'prudence', 'practical wisdom'이라고 옮깁니다. 앞에서 이야기했듯이 행복은 잘 사는 것이고 이것은 본성적 능력의 실현이자 좋은 일을 하면서 즐겁게 사는 것입니다. 탁월함은 그런 행복에 필요한 좋은 습관을 통해 얻은 습성의 탁월함을 뜻합니다. 실천적 지혜는 습관을 통해서 얻은 습성의 탁월함을 구체적으로 실천하는 데 필요한 능력을 뜻합니다.

'실천적 지혜'는 윤리학뿐만 아니라 심리학에서도 가장 뜨거운 관심 주제입니다. 이 주제를 현대 심리학 연구의 과제로 새롭게 부각시킨 미국의 심리학자 베리 슈워츠(B. Schwartz)는 『실천적 지혜(Practical Wisdom)』(국내에서는 『어떻게 일에서 만족을 얻는가』로 출간되었다.)라는 제목에 '올바른 일을 하기 위한 올바른 길(The right way to do the right thing)'이라는 부제를 달았습니다. '올바른 일을 하기 위한 올바른 길 찾기'가 바로 실천적 지혜의 과제입니다. 올바른 일을 하기 위해서 올바른 길을 찾도록 해주는 능력이 실천적 지혜라고 바꿔 말할 수 있겠죠.

저는 이 부제에 한 가지 수식어를 덧붙이고 싶습니다. '21세기 과학기술 시대의 올바른 일을 하기 위한 올바른 길 찾기'라고 말이죠. 왜냐하면 실천적 지혜는 21세기 과학기술 시대에서 올바른 일을 하기 위한 매우 중요한 능력이기 때문입니다. 이런 몇 가지를 고려해서 저는 네 가지 질문을 중심으로 아리스토텔레스의 실천적 지혜 이론을 소개하려고 합니다.

덕을 실천하는 데 실천적 지혜가 왜 필요한가?

이 질문에 대한 대답은 간단합니다. 그 이유는 덕이 습관의 결과로 얻어진 '일반적'인 성향이기 때문입니다. 절제 있는 사람은 항상 절제 있는 행동을 지

PRACTICAL WISDOM

The Right Way to Do the Right Thing

Barry Schwartz
AUTHOR OF *THE PARADOX OF CHOICE*

and Kenneth Sharpe

아리스토텔레스는 올바른 목적을 지향하는 '덕'과 개개의 상황에서 그 목적을 실현하는 데 필요한 '실천적 지혜'를 행복의 조건으로 제시한다. 그의 윤리학은 '행복=덕+실천적 지혜'라는 '행복의 공식'으로 압축될 수 있다. 이 공식은 21세기 심리학의 연구 주제로 각광받고 있다. 그런 점에서 행복과 지혜에 대한 현대의 심리학은 아리스토텔레스 윤리학의 부활이자 『니코마코스 윤리학』의 경험 과학적 재해석인 셈이다.

향합니다. 그의 욕망은 과도함을 회피합니다. 마찬가지로 정의로운 사람은 항상 정의로운 행동을 지향하고, 용기 있는 사람은 항상 용기 있는 행동을 지향합니다. 뒤집어 이야기하면 항상 정의로운 행동을 지향하는 사람이 정의로운 사람이고, 항상 용기 있는 행동을 지향하는 사람이 용기 있는 사람이라고 말할 수 있습니다. 한 사람의 도덕적 성향은 이렇게 습성으로 굳어져서 일반적이지만 그의 행동은 언제나 개별적입니다. 그때그때 상황에 따라 절제를 실현하는 행동, 정의를 실현하는 행동, 용기를 실현하는 행동이 달라질 수밖에 없죠. 그래서 중용의 덕을 실천하는 사람은 바로 '지금 여기서' 절제 혹은 용기 등을 어떻게 실행할지 생각하고 따져보아야 합니다. 물론 목표는 정해져 있어요. '절제를 실현한다, 용기 있게 행동한다.' 하는 것이죠. 하지만 목표를 실천하는 방법은 아직 정해 있지 않아서 찾아야 할 대상입니다. 올바른 일을 하기 위한 '올바른 길 찾기'가 필요한 것이죠. 이런 길 찾기를 가능하게 해주는 역량이 바로 실천적 지혜입니다.

그런 뜻에서 아리스토텔레스는 덕과 실천적 지혜가 각각 목표 설정과 수단 탐색의 역할을 한다고 이야기합니다. 그의 말을 인용하면 이렇습니다. "덕은 목표를 바르게 해주고 실천적 지혜는 이 목표에 이르는 것들을 또는 이바지하는 것들을 바르게 해준다."(『니코마코스 윤리학』 6권 12장)• 덕은 목적을 올바로 세울 수 있게 해주지만 이 목적을 올바로 실천하는 데 필요한 개별적 행동과 수단을 찾는 것은 실천적 지혜의 몫이라는 말입니다. 이렇게 도덕적 탁월함이 지향하는 가치를 개별 상황에 맞게 적용할 줄 아는 사람을 일컬어서 아리스토텔레스는 '실천적 지혜가 있는 사람(phronimos)'이라고 부릅니다.

실천적 지혜는 무엇이며 어떻게 작동하는가?

실천적 지혜의 본성은 무엇이고 어떻게 작동할까요? 목표에 이르는 수단을 우리가 어떻게 찾아가는지 그 과정을 생각해 보면 답이 나옵니다. '올바른 일을 위한 올바른 길'을 찾는 것은 일종의 탐색 과정입니다. '탐색'을 가리키는 그리스어는 'zētēsis'이고, 그에 해당하는 영어는 'investigation'입니다. 모두 '흔적 좇기'를 뜻합니다. 사냥꾼이 짐승의 발자국을 좇는 것, 그것이 'zētēsis'이고 'investigation'이죠. 실천적 지혜의 탐색도 비슷하지만 한 가지 다른 점이 있습니다. 이 탐색은 이미 걸어난 짐승의 발자국을 찾는 것이 아니라 목표를 이루기 위해서 내가 걸어갈 길을 찾는다는 뜻에서 미래 지향적이죠. x라는 목표를 이루기 위해서 무엇을 해야 할지, 무엇을 하는 것이 좋을지를 찾는 것이 실천적 지혜의 탐색입니다. 이런 미래 지향적 탐색

● 　강상진 외 옮김, 『니코마코스 윤리학』, 228쪽 참조.

을 일컬어 아리스토텔레스는 '숙고(bouleusis)'라고 부릅니다.

이 낱말의 어원 역시 재미있습니다. 그리스어 'bouleusis' 는 고대 그리스에서 시민 대표로 구성된 협의체를 가리키는 'boulē'라는 말에서 유래했습니다. 협의체에서 시민 대표들 이 모여서 회의를 한다고 상상해 보세요. 전쟁이나 신전 건 축이나 빈민 구호 문제를 해결하는 데 필요한 중요한 결정 을 내리기 위해서 시민 대표들이 협의체에 모여 다양한 주 장을 펼칩니다. 회의에서는 다양한 주장과 관점을 개진하 고 의견에 대한 비교 과정을 거쳐서 가장 적절한 대안을 선 택함으로써 회의의 결정이 이루어지겠지요. '숙고'는 간단히 말해서 '내 마음속에서 일어나는 회의', '내 마음속에서 일어 나는 토의의 과정'이라고 생각하면 됩니다. 지금 이 상황에 서 어떻게 하는 것이 용기 있는 행동인지 결정하고 다양한 행동 대안을 상상하고 비교해 최선의 선택을 하는 것이 숙 고의 과정입니다. 이러한 숙고를 잘할 수 있게 만들어주는 것이 바로 '실천적 지혜'이죠. 그래서 아리스토텔레스는 실 천적 지혜를 "숙고를 잘할 수 있는 능력"이라고 정의합니다. 물론 이렇게 마음속에서 회의를 하기 위해서는 시간이 걸리 죠. 그래서 아리스토텔레스가 말하는 '숙고'는 '느린 생각' 입니다. 노벨 경제학상을 받은 심리학자 대니얼 카너먼(D. Kahneman)은 『생각에 관한 생각』에서 '빠른 생각'과 '느린 생 각'을 구별하는데,* 바로 그가 말하는 '느린 생각'이 아리스 토텔레스의 '숙고'라고 보시면 됩니다** 회의를 하려면 시간이 오래 걸리죠. 마음속에서 회의를 하려고 해도 시간이 오래 걸립니다. '빨리빨리' 문화에서는 '느린 생각'도 '숙고'도 불가능하고 결국 '실천적 지혜'도 작동하지 않습니다.

아리스토텔레스는 숙고의 과정을 설명하기 위해 환자를 치료하는 의사의 숙고를 자주 본보기로 인용합니다. 의사에게 질병 치료라는 '목적'은 이미 정해져 있습니다. 의사는 이 목적을 이룰 방법, 즉 자신을 찾아오는 환자를 상대해서 여러 치료법 가운데 어떤 것을 취하고 적용할지 '숙고'합니다. 정해진 대답은 없습니다. 환자마다 체질과 병의 양상이 달라서 똑같은 치료도 환자에 따라 다른 결과를 낳을 수 있기 때문이죠. 환자의 개별적 상태에 가장 적절한 치료 방법을 발견하는 것이 의사의 과제이듯, 개별 상황에서 중용의 덕을 실천하는 데 가장 적절한 방법을 찾아내는 것이 실천적 지혜를 지향하는 사람의 과제라고 말할 수 있습니다.

언젠가 어떤 의사 선생님이 신문에 쓴 칼럼을 읽었는데, 이 칼럼은 치료를 위한 의사의 숙고가 전형적으로 어떻게 진행되는지 우리에게 잘 보여줍니다. 관련 구절을 한번 읽어 보겠습니다.

●　대니얼 카너먼, 『생각에 관한 생각』, 이창신 옮김, 김영사 2018.
●●　"숙고는 오랜 시간 동안 하는 것이며, 숙고한 결과는 빨리 실행에 옮기되 숙고는 천천히 해야 한다."(『니코마코스 윤리학』, 6권 9장). 강상진 외 옮김, 『니코마코스 윤리학』 220~221쪽 참조.

"몇 달 전 40대 남성 폐암 환자가 보호자의 부축을 받으며 진료실을 찾았다. 환자는 이미 화학 항암제 등 3가지 종류의 항암 치료를 시도했지만 상태가 호전되지 않았다. 폐암 중 가장 흔한 유형인 비소세포 폐암 중 선암이 상당히 진행된 경우였는데 홍수가 차서 호흡이 힘들고 뼈 전이, 림프 전이가 심하여 극심한 통증으로 스스로 거동이 어려운 상태였다. 환자에게 사용해 볼 수 있는 치료 옵션은 면역 항암제였다. 2주 간격으로 면역 항암제를 네 차례 투여했을 때 약효가 눈에 띄게 나타나기 시작했다. 종행의 크기도 현저히 줄어든 데다가 이전에 있던 통증이 사라져 일상생활이 가능할 정도로 호전됐다."•

환자의 상태를 호전시킬 수 있는 치료법을 찾았다니 이 의사 선생님은 숙고를 통해서 좋은 치료법을 잘 선택한 것입니다. 이 칼럼에서는 숙고의 특징이 전형적으로 나타납니다. 먼저 개별 상황에 관한 고려가 있습니다. 이 환자가 지금 어떤 상태인지를 알고, 두 번째로는 대안에 대해 상상합니다. 이 환자를 치료하는 데 가능한 치료 옵션으로 어떤 것이 있는지, 그 옵션 가운데 어떤 것이 가장 좋은지에 대한 비교와 검토도 필요합니다. 물론 비교와 검토의 과정에서는 그 환자의 과거 병력이나 환자가 받았던 치료법을 기억해 내는 것

• 국민일보, 2016년 8월 7일 기사.

이 중요하겠지요. 치료 경력을 검토하는 겁니다. 그리고 과거 치료에 대한 내용을 염두에 두고 치료 옵션을 비교해서 최선의 방안을 선택합니다. 물론 어떤 치료법을 왜 선택해야 할지에 대한 이유 제시가 필요합니다. 칼럼에서 보면 이미 화학 항암제 등 세 가지 종류의 항암 치료를 시도했지만 상태가 호전되지 않았기 '때문에' 새로운 치료법을 선택한 것으로 이유가 제시됩니다. 실제 치료는 당연히 이런 숙고 과정을 거친 다음에 이루어집니다. 그러니 '숙고'도 일종의 추리입니다. 환자의 치료라고 하는 목적은 이미 정해져 있습니다. 그럼 이 환자의 치료를 항암제로 할까, 수술로 할까, 아니면 더 지켜볼까 '선택'을 해야 합니다. 항암제 치료를 결정했다면 그 결정에 따라서 선택할 것이 또 생깁니다. 항암제 치료를 어떤 주기로 몇 번에 걸쳐서 할까? 어떤 약으로 해야 할까?…… 이런 방식으로 치료의 전체 과정을 짜야 합니다. 이 치료 과정은 먼저 상상 속에서 이루어지는데, 이 상상 속에서는(우리가 칼럼에서 확인했듯이) 다양한 대안을 상상해 내는 것, 비교하는 것, 그중에서 적절한 것을 선택하는 것, 선택을 정당화하는 것 등이 들어갈 수밖에 없지요. 그런 점에서 숙고의 과정은 '행동과 관련된 실천적 맥락에서 이루어지는 추리의 과정'이라고 바꿔 말할 수 있습니다. 이런 추리를 잘하는 데 필요한 능력이 바로 '실천적 지혜'입니다.

실천적 지혜를 어떻게 얻을 수 있을까?

실천적 지혜를 어떻게 얻을 수 있을까요? 이것은 가장 우리의 관심을 끄는 질문일 듯합니다. 우리 주변을 둘러보면 정해진 목표에 이르는 길을 아주 잘 찾는 사람들이 있습니다. 어떤 문제가 생기면 그 문제 해결하는 데 필요한 아주 기발한 해결안을 찾아냅니다. 생각이 아주 유연하고 기발합니다. 우리는 이런 사람들을 일컬어 '영리한(clever)' 사람이라고 부릅니다. 『오디세이아』의 주인공 오디세우스나 그리스 민주정의 황금기를 이끌었던 페리클레스, 그리고 드라마 주인공 '우영우 변호사' 같은 사람들이 영리한 사람들이죠.

여러분도 〈이상한 변호사 우영우〉의 한 가지 일화를 기억하실지 모르겠습니다. 한백산에 오래된 절 황지사가 있었습니다. 이 황지사에 땅을 가로지르는 도로가 나 있었죠. 관광지를 통과하는 도로였기 때문에 사람들은 통행세를 냈고, 황지사는 이 돈을 거둬서 문화재 관리비 명목으로 사용했습니다. 그런데 어떤 사람이 통행료를 더 이상 내지 않겠다고 소송을 제기해서 우영우 변호사가 속한 로펌 한바다에서 일을 맡았습니다. 그런데 우영우 주변의 어떤 변호사도 통행료를 취소할 수 있는 근거를 찾아내지 못해 고민합니다. 그때 우영우 변호사가 근거를 찾아내죠. '이 도로는 국가에서 만든 행정도로, 즉 공용이기 때문에 절에 통행료를 낼 필요가 없다.'라는 것이었습니다. 이를 통해 법원에서 통행료 취소 결정을 얻어냅니다. 어떤 문제를 해결하는 데 가장 적합한 법적 조항이 무엇인지 우영우 변호사만 찾아냈던 것이죠. 물론 그것은 우영우 변호사에게도 '빠른 생각'이 아니라 '느린 생각'의 결과였습니다. 어쨌든 이렇게 목적 실현에 적절한 수단을 찾아내는 능력이 영리함이라는 것이지요. 누구나 저런 영리함을 가졌으면 하는 바람을 갖고 있습니다. 저도 그렇지만 여러분도 '내가 더 영리했으면 좋겠는데.'라는 생각을 갖고 계시지요? 하지만 우영우 변호사처럼 남다른 영리함을 갖고 있지 못하다고 해서 실망할 필요는 없습니다. 그래도 우리는 실천적 지혜를 가질 수 있으니까요. 우리는 모두 인간이고 인간은 모두 로고스를 갖고 있다는 점에서 '영리한' 존재이기 때문입니다. 우리는 로고스의 능력 덕분에 주어진 상황에서 목적을 달성하기 위해 대안들을 상상하고 그것들을 비교해 가장 적절한 대안을 선택하는 숙고를 해나갈 수 있습니다. 수시로 거짓말을 하고 이야기를 꾸며대는 것을 보면 우리는 정말로 로고스를 가진 영리한 존재임이 분명합니다.

문제는 우리가 어떻게 타고난 영리함을 실천적 지혜의 수준으로 끌어올릴 수 있는가에 달려 있습니다. 어떻게 해야 할까요? 아리스토텔레스는 이렇게 말합니다. '실천적 지혜를 갖추기 위해서는 경험이 필요하다.' 사실 '경험'은 철학에서 그렇게 높은 평가를 받지 못했습니다. 철학은 객관적이고 보편적이며 불변하는 진리를 추구하는데 경험이 우리에게 제공하는 것은 그런 진리가 아니거든요. 경험은 항상 나의 경험, 너의 경험이라는 뜻에서 '주관적'입니다. 똑같은 식당에서 밥을 먹어도 어저께 먹을 때 기분이나 맛과 오늘 먹을 때 기분이나 맛이 달라요. 경험은 항상 다릅니다. 그래서 경험은 '주관적'이고 '개별적'이고 상황에 따라 '가변적'입니다.

예를 들어 1+1=2는 모든 사람에게 언제나 똑같습니다. 수학적 진리는 그렇게 객관적이고 보편적이고 불변하지만 경험은 그런 진리를 제공해 주지 않습니다. 그래서 수학적인 진리를 본보기로 삼아 객관적이고 보편적인 진리를 추구한 철학자들은 경험을 무시했습니다. 이성을 중시한 플라톤이나 데카르트 같은 철학자들이 대표적인 경우입니다. 하지만 아리스토텔레스는 경험주의자입니다. 숙고를 잘하기 위해서는 경험이 필요하다는 사실을 거듭 강조하지요. 행동은 언제나 개별적 상황에 따라 달리 이루어지는데, 그런 행동 상황에서는 일반적인 지식이 중요한 것이 아니라 다양한 상황에서 이루어진 경험이 중요하기 때문입니다. 치료 경험 없이 의학 지식을 많이 가진 의사보다는 의학 지식이 조금 부족하더라도 경험이 많은 의사가 환자에게 적절한 처방을 내릴 수 있습니다. 또 실제 요리 경험이 별로 없이 조리법과 영양에 관한 지식을 많이 가진 사람보다는 시장 골목에서 평생 식당을 운영한 사람이 음식을 훨씬 더 잘 만듭니다. 경험을 그리스인들은 'empeiria'라고 불렀는데, 이 낱말에는 '시도'라는 뜻의 'peira'가 들어 있습니다. 어떤 일을 시도하면 성공하기도 하고 실패하기도 합니다. 경험에는 수많은 시도가 낳은 성공과 실패의 기억이 담겨 있습니다. 경험은 그래서 '시행착오의 힘'을 가집니다. 시도가 낳은 성공과 실패의 기억이 경험으로 누적됨으로써 개별적인 상황에서 그 일을 처리하는 데 필요한 능력을 제공하는 것이죠. 스스로 시도를 해본 적이 없는 사람에게는 실천적 지혜가 생겨날 수 없습니다. 우리가 어린이들에게 좋은 교육에 대해서 생각할 때 잊지 말아야 할 점입니다. 그런 뜻에서 아리스토텔레스는 목적을 성취하는 데 필요한 숙고의 능력인 실천적 지혜가 '경험적'이라고 말합니다. 물론 경험을 그대로 답습한다면 실천적 지혜를 갖는 수준에 오르기는 어렵습니다. 유능한 의사라면 과거 치료 경험의 성패를 새롭게 되새겨서 환자에 대한 적절한 치료 방법을 찾아낼 것입니다. 마찬가지로 숙고의 능력과 실천적 지혜를 얻으려는 사람도 과거 경험의 창조적 활용을 통해서 더 나은 방법, 더 좋은 방법, 더 적절한 방법을 찾아야겠지요. 한편으로 경험을 쌓고 다른 한편으로 그 경험을 창조적으로 활용함으로써 문제 해결을 위한 숙고를 잘할 수 있게 될 때 우리는 '실천적 지혜를 가진 사람'이 됩니다.

"(……) 나이가 젊더라도 기하학자나 수학자가 될 수 있고 또 그와 같은 일에 있어서 지혜로운 자가 될 수 있지만 실천적 지

혜를 가진 사람이 될 수는 없는 것과 같다는 사실이다. 그 까닭
은 실천적 지혜가 개별적인 것들에도 관련하는데 개별적인 것
들은 경험으로부터 알려지고 젊은이들에게는 경험이 부족하다
는 데 있다. 경험을 만들어내는 것은 오랜 시간이니까."(『니코
마코스 윤리학』, 6권 8장)●

우리는 이 말을 '젊은이는 경험이 없으니 실천적 지혜가
없는 것이 당연하다!'라는 뜻으로 받아들여서는 안 됩니다.
그와 반대로 '젊은이를 실천적 지혜를 가진 사람으로 키우려
면 많은 경험을 갖도록 해라!'라는 뜻으로 받아들여야 합니
다. 모든 것을 부모가 정해주고, 학원에서 배우는 사람에게
는 시행착오의 경험이 쌓일 수 없고 당연히 '지혜로운 사람'
이 될 수도 없겠지요. 시행착오를 통해 경험과 지혜를 얻지
못한 사람에게서 어떻게 좋은 선택과 결정을 내릴 수 있는
'지혜로운 사회', '지혜로운 국가'를 기대할 수 있을까요?

실천적 지혜는 기술적 능력과 어떻게 다른가?

마지막 네 번째 질문으로 넘어가
겠습니다. 실천적 지혜는 다른 능력, 특히 기술적 능력과 어

●　　강상진 외 옮김, 『니코마코스 윤리학』, 218~219쪽 참조.

떻게 다른가? 실천적 지혜뿐만 아니라 기술적 능력도 역시 문제 해결 능력입니다. 그렇다면 그 둘은 어떻게 다를까요? 실천적 지혜는 인간이 타고난 이성 능력을 통해서 얻을 수 있는 탁월함 가운데 하나입니다. 아리스토텔레스는 이런 실천적 지혜를 기술적 지혜(technē), 즉 무언가를 만들어내는 역량과 자주 비교합니다. 제가 보기에는 아리스토텔레스의 이런 비교가 기술·과학의 시대에 우리가 잊고 있는 중요한 점을 일깨워 준다고 생각합니다. 기술부터 이야기해 볼까요?

기술은 아주 매력적입니다. 편리하고 안락한 신세계를 약속하는 것 같습니다. 우리에게 편리함을 제공해 주면서도 전혀 간섭하지 않는다는 것은 기술의 또 다른 매력입니다. 디지털카메라 기술은 '다른 사람의 몸을 촬영하지 마세요.'라고 경고하지 않습니다. 드론 기술은 '드론을 이용해서 남의 나라를 파괴해서는 안 됩니다.'라고 경고하지 않아요. 모든 기술은 쓰는 사람이 '자유롭게' 활용할 수 있도록 열려 있습니다. 편리함을 주되 간섭하지 않는 것이 기술의 매력이죠.

기술이 제공한 도구는 이런 목적으로도 저런 목적으로도 마음대로 사용할 수 있습니다. 그래서 우리는 기술을 자신에게 주어진 편리하고 유용하고 말 잘 듣는 도구로 이용할 수 있습니다. 사람들은 그런 점에서 기술이 '도구적'이고 '가치중립적'이라고 말합니다. 어떤 목적에 쓰라고 지시하지 않는다는 뜻에서 '도구적'이고, 나쁘게 쓰일 수도 있고 좋게 쓰일 수도 있다는 뜻에서 '가치중립적'이라는 말입니다.

하지만 바로 이런 '도구성', '가치중립성'이라는 매력 때문에 기술은 큰 위험성을 안고 있습니다. 기술의 오용 가능성이 항상 존재하고 기술이 발달할수록 그 위험성은 더 커지는데 그것을 통제할 수단은 나오지 않기 때문이죠. 오히려 기술에 대한 신뢰가 개인적으로나 사회적으로 커지면 커질수록 기술을 통제하려는 시도가 무시되는 경향이 증가합니다. 그 결과 소크라테스가 기술자들과 만나서 대화하면서 걱정했던 상황에 놓이는 거죠. 앞서 했던 이야기를 기억하시지요? 소크라테스가 기술자들과 만나 이야기하면서 이들이 자기가 알고 있지 못한 많은 것을 알고 있다는 사실을 확인했습니다. 그런데 기술자들은 기술적 능력만 있으면 다른 인생의 중대한 문제도 해결할 수 있다고 믿는 것이 문제였습니다. 소크라테스는 그것이 기술자들의 심각한 잘못이라고 이야기합니다. 마찬가지로 기술이 발달하고 보편화되고 그 매력이 우리 사회에서 널리 퍼지면 퍼질수록 '기술이면 뭐든지 다 할 수 있다.'라는 생각이 퍼져나가게 되는 것이죠. 그렇다면 어떻게 이런 기술 오염의 가능성을 막을 수 있을까요? 그것을 가치중립적인 도구가 아니라 좋은 목적을 위한 도구로 사용하기 위해서는 어떤 방안이 가능할까요? 아리스토텔레스는 아마도 이렇게 말할 겁니다. '가치중립적인 기술적 능력과 함께 가치지향적인 판단 능력을 키워라!', '기술이 어떻게 잘못 적용되고 어떻게 잘 적용될 수 있을지 판단하는 능력을 함께 키워라!' 이러한 가치지향적 판단 능력이 바로 실천적 지혜입니다. 실천적 지혜도 기술적인 능력과 마찬가지로 '도구적'입니다. 덕을 실현하는 수단이니까요. 하지만 실천적 지혜는 목적의 옳고 그름을 무시하고 성취하는 데 이용되는 도구적 능력이 아니라 좋은 목적을 실현하기 위한 능력입니다. 그런 점에서 실천적 지혜는 기술적 능력의 위험을 막기 위해 사회 구성원들이 갖추어야 할 능력이라고 말할 수 있습니다.

다시 처음으로 되돌아가겠습니다. 처음에 저는 실천적 지혜가 매우 현대적인 논의 주제라고 이야기했습니다. 기술적 능력이 증대됨으로써 생길 수 있는 많은 위험성을 제어하는 능력이 우리에게 있다면 그것이 바로 아리스토텔레스가 말한 실천적 지혜입니다. 그런 점에서 실천적 지혜는 21세기 과학·기술 시대에 가장 필요한 능력이라고 말할 수 있습니다. 로고스 능력의 양면성에 관해 이야기하면서 인용했던 문구를 다시 한번 되새기면서 이번 장을 마무리하겠습니다.

"인간이 완전한 상태에 있을 때는 동물 가운데 최선이지만, 법과 정의에서 멀어졌을 때는 모든 것 가운데 최악이다. 왜냐하면 무기를 가진 불의를 다루기가 가장 어려운데, 인간은 실천적 지혜와 탁월함을 얻도록 무기를 가진 채 태어나고도 이를 정반대의 목적에 쓸 수 있기 때문이다."(『정치학』, 1권 2장)•

• 천병희 옮김, 『정치학』, 22쪽 참조.

12장

나쁜 민주정과 좋은 민주정

아리스토텔레스에 대한 마지막 장입니다. 그의 삶을 소개한 첫 강의를 제외하고 아리스토텔레스 철학에 대한 세 강의의 내용을 이렇게 요약할 수 있습니다. '인간에게는 로고스라는 생존 무기가 있는데 이것을 잘 실현하는 것이 잘 사는 것이다. 이를 위해서는 덕과 실천적 지혜가 필요하다.' '인간이 로고스를 갖는다.'라는 것이 무슨 뜻이고 그것을 잘 실현하는 데 필요한 '덕'과 '실천적 지혜'가 무엇인지 살펴보았으니, 이제 '잘 사는 것'에 대해 이야기할 때 빼놓을 수 없는 또 한 가지 중요한 점을 짚고 넘어가야겠습니다. '잘 산다.'라는 것은 언제나 '함께 잘 산다.'와 같은 뜻이라는 점입니다. 왜 그럴까요? 인간은 '사회' 혹은 '국가(polis)'를 이루고 사는 '정치적인(political)' 동물이기 때문입니다. '인간은 정치적인 동물이다.'

라는 말은 '인간은 이성적인 동물이다.'라는 말만큼 유명합니다. 하지만 그 말에 담긴 뜻을 되새김 없이 주문처럼 인용한다는 점에서 둘 다 똑같습니다. 대다수는 인간이 '이성적인 동물'이라는 사실과 '정치적인 동물'이라는 사실이 어떤 관계에 있는지 잘 따져보지 않습니다.

아리스토텔레스가 인간을 일컬어 '정치적인 동물'이라는 말할 때 거기에는 두 가지 뜻이 있습니다. 하나는 인간은 '살아남기 위해서', 즉 생존하기 위해서 '정치 공동체'를 필요로 한다는 뜻이지요. 다른 하나는 인간은 생존하기 위해서 뿐만 아니라 '잘 살기 위해서' 정치 공동체를 필요로 한다는 뜻입니다. 잘 사는 것과 정치 공동체의 관계는 분명합니다. 잘 사는 데 필요한 것이 덕과 실천적 지혜라면 우리는 이 둘을 사회적 관계 속에서 다른 사람들과 어울려 사는 가운데에서 얻을 수 있으니까요. 절제 있는 사람들의 사회에서 절제의 덕이 생기고 정의로운 사회에서 정의의 덕이 생깁니다. 뒤집어 말하면 정의가 없는 사회에서 정의의 덕을 얻기 어렵고 절제가 없는 사회에서 절제의 덕을 얻기 어렵다는 말이 됩니다. 그러니 잘 살기 위해서 덕이 필요하다면 그런 덕을 얻을 수 있는 사회가 필요한 것이겠죠. 실천적 지혜의 경우도 마찬가지입니다. 시민들이 숙고 능력을 계발해서 발휘할 수 있는 사회와 국가가 지혜로운 사회이자 좋은 사회일 테니까요. 시민들이 '느린 생각'을 통해 좋은 선택과 결정을 내리기 위한 조건이 되지 않고, 설령 좋은 선택을 했다고 하더라도 그것이 무시된다면 그런 사회에서는 실천적 지혜가 생겨날 수 없겠지요.

그래서 아리스토텔레스의 철학에서는 덕과 실천적 지혜를 강조하는 윤리학과 그런 역량을 습득하고 실현할 수 있게 해주는 정치 공동체에 관한 정치학은 하나입니다. 즉 '인간이 어떻게 잘 살 수 있을까?'라고 하는 질문은 '인간을 잘 살게 하는 정치는 어떤 것일까?'라는 질문과 연결된 물음입니다. 그렇다면 어떤 정치가 인간을 잘 살게 할까요? 이것이 '인간에 대한 철학'의 세 번째 질문입니다.

사람을 잘 살게 하는 정치

어떤 정치가 사람을 잘 살게 할까? 이 문제에서도 아리스토텔레스는 스승 플라톤과 생각을 달리합니다. 플라톤은 좋은 정치는 철학자가 통치할 때 가능하다고 주장했습니다. 지혜와 권력이 하나가 될 때 인간 사회의 악을 끝낼 수 있다고 생각했지요. 이것이 7장에서 다룬 플라톤의 철인통치론입니다. 하지만 아리스토텔레스의 대답은 훨씬 더 유연합니다. 그는 좋은 정치란 무엇인가에 대해서 하나의 대답이 있는 것이 아니라 각 나라가 처한 역사적, 자연적, 사회적 조건에 따라서 여러 가지 대답이 있을 수 있다고 얘기합니다. 중·고등학교 교과서에서 자주 접해 친숙한 다양한 정체의 분류는 바로 그런 생각에서 나온 것입

'페리클레스의 연설'(Philipp Foltz, 1852). 아테나이는 기원전 508년에 시작된 민주정 덕분에 페르시아 전쟁에서 승리하고 그 이후 황금기를 누릴 수 있었다. 하지만 기원전 431년 펠로폰네소스 전쟁이 발발하면서 민주정은 혼란에 빠진다. 플라톤은 『국가』에서 이런 혼란 속의 민주정을 철인의 통치체제로 대체하려고 했지만 아리스토텔레스는 좋은 민주정의 가능성을 찾았다.

	좋은 정체	나쁜 정체
일인의 통치	왕정	참주정
소수의 통치	귀족정	과두정
다수의 통치	폴리테이아(혼합정)	데모크라티아(민주정)

니다(『정치학』3권 7장). *

　위 도표에서 확인할 수 있듯이 아리스토텔레스는 지배자의 수와 좋고 나쁨이라는 두 개의 기준에 따라 여섯 가지 정를 나눕니다. 물론 정체가 여섯 가지밖에 없다는 뜻은 아닙니다. 이 여섯 개 정체들의 조합으로 생겨날 수 있는 정체들이 얼마든지 있기 때문에 이 분류표는 그런 정체들의 기본형을 분류한 체계라고 말할 수 있겠죠. 그에 따르면 한 사람이 통치하면서 좋은 정치는 왕정이고 그것이 타락한 정치는 참주정입니다. 소수가 통치하면서 좋은 정치는 귀족정이고 그것이 타락한 형태는 과두정입니다. 다수가 통치할 때 이루어지는 좋은 정치는 '폴리테이아(politeia)'라고 부르고 그것이 타락한 정치는 '데모크라티아(dēmokratia)'라고 부릅니다.

　좋은 정치와 나쁜 정치를 나누는 기준은 무엇일까요? 아리스토텔레스에 따르면 좋은 정치와 나쁜 정치는 통치자의 수에 달려 있지 않습니다. 통치자의 수가 아니라 정치의 공

* 　천병희 옮김, 『정치학』, 151쪽 참조.

익성, 즉 정치가 전체 시민의 이익을 위하는가, 지배 집단만의 이익을 위하는가에 정치의 좋고 나쁨을 나누는 기준이 놓여 있습니다. 한 사람의 통치자, 소수의 현자, 다수의 시민이 나라 전체의 이익을 위해 통치할 때 왕정, 귀족정, 혼합정이 성립합니다. 그 반대는 참주정, 과두정, 민주정이지요. 혼란한 민주정보다 세종대왕이나 정조대왕 같은 성군이 통치하는 왕정 국가에서 살고 싶다는 사람들이 있을 수 있습니다. 그런 사람들은 다수의 정치 참여를 허용하는 민주정이 항상 왕정보다 나은 것은 아니라고 주장할 겁니다. 아리스토텔레스의 정체 분류에도 그런 생각이 담겨 있습니다.

하지만 한 사람의 좋은 정치가 다수의 나쁜 정치보다 더 나을 수 있다는 가능성을 인정하면서도 아리스토텔레스는 다수의 정치에 더 큰 신뢰를 둡니다. 그런데 다수의 정치 가운데 아리스토텔레스가 더 좋은 정치로 여기는 것은 '데모크라티아'가 아니라 '폴리테이아'입니다. 왜 그럴까요?

데모크라티아는 다수가 통치하는데, 통치의 목적이 시민전체의 이익이 아니라 지배하는 다수의 이익을 위한 정체입니다. 일종의 '대중 독재'인 셈이지요. 플라톤이 비판했던 아테나이의 민주정이 대표적입니다. 모든 정치적 결정이 다수결에 의해서, 다수를 차지하는 시민들에 의해서 좌지우지되는 정치가 바로 앞에 소개한 도표에 나와 있는 '데모크라티아'이지요. 하지만 플라톤이 당대 아테나이의 혼란한 민주정을 체험하면서 '다수의 정치' 그 자체를 배격한 데 반해 아리스토텔레스는 다수의 통치가 전체 시민의 이익을 위해서 이루어지는 가능성을 부정하지 않습니다. 즉 '좋은 민주정'의 가능성을 본 것이지요. 그런 좋은 민주정의 이름 바로 '폴리테이아'입니다. 그렇다면 아리스토텔레스가 생각한 '폴리테이아'란 도대체 어떤 정치일까요? 또 어떤 이유에서 '폴리테이아'는 좋은 정치일까요?

폴리테이아, 다수의 좋은 정치

아리스토텔레스 연구자들은 폴리테이아를 보통 '혼합정체'라고 부릅니다. 틀린 말이 아닙니다. 폴리테이아는 왕정의 요소, 귀족정의 요소, 민주정의 요소를 모두 포함하니까요. 하지만 이 정체를 간단히 '민주공화정'이라고 불러도 좋습니다. 폴리테이아는 공동선을 추구하는 다수의 지배 체제이기 때문이죠. 우리나라 헌법 제1조, 1항과 2항이 어떤 것인지 아시죠. "대한민국은 민주 공화국이다. 대한민국의 주권은 국민에게 있고 모든 권력은 국민으로부터 나온다." 정치에 환멸을 느끼다가도 헌법의 이 조항을 들으면 가슴이 두근거립니다. 바로 이 조항이 아리스토텔레스가 말한 폴리테이아의 이념을 반영한 것이 아닐까 생각합니다.

다수의 정치에 대해 아리스토텔레스와 플라톤의 생각이 이렇게 다른 이유는 무엇일까요? 아리스토텔레스는 플라톤이 고발한 민주정의 수많은 병폐에 대해서 진지하게 생각하지 않은 탓일까요? 두 가지 이유를 생각할 수 있습니다.

하나는 아리스토텔레스와 플라톤이 아테나이 정치에 대해서 가졌던 입장의 차이입니다. 플라톤은 아테나이의 명문가 출신이었습니다. 그에게 아테나이의 정치 문제는 절박한 실존의 문제일 수밖에 없었지요. 하지만 아리스토텔레스의 경우는 플라톤과 달랐습니다. 아리스토텔레스는 평생 아테나이와 인연을 맺고 살았지만 아테나이의 시민이 아니었습니다. 어떤 정치적 권리도 행사할 수 없는 이방인이었죠. 그런 외부인의 신분과 관점이 오히려 다수의 정치가 갖는 장단점을 더 객관적으로 바라볼 수 있게 했습니다. 플라톤에게는 아테나이 민주정과의 거리 두기가 불가능했다면 아리스토텔레스에게는 그에 대한 객관적 관찰이 가능했다는 이야기입니다.

다수의 정치에 관한 플라톤과 아리스토텔레스의 입장이 다른 두 번째 이유는 더 중요합니다. 플라톤은 대중의 지혜, 집단지성의 힘을 신뢰하지 않은 사람입니다. 동굴 속에 있는 죄수가 모두 동굴 밖으로 나와 이데아 세계를 보고 진리를 깨우친다는 것은 가능한 일이 아니겠지요. 그래서 플라톤은 한 사람이나 소수의 현자에게 국가 운영을 맡기는 것이 옳다고 생각했습니다. 그렇지 않으면 밤하늘의 별자리도, 바람의 방향도, 해류의 움직임도 모르는 채 배의 키를 잡겠다고 나서는 어중이떠중이의 정치가 될 수밖에 없다고 보았기 때문이죠. 간단히 말해서 '많은 사람의 정치'가 아니라 '아는 사람의 정치'가 필요하다고 생각했던 것입니다. 정말 많은 사람의 정치보다 아는 사람의 정치가, 대중의 정치보다 전문가의 정치가 더 나은 정치일까요? 만일 정치적 사안의 해결이 수학 문제 풀이와 같은 것이라면 플라톤의 판단이 옳을 겁니다. 수학을 모르는 수백 명이 달려들어 봤자 수학을 잘 아는 한 사람이 문제를 푸는 것보다 더 잘 풀 수는 없으니까요. 하지만 트로트 오디션은 다릅니다. 나훈아, 임영웅의 결정이 청중 100명의 결정보다 더 나을 수는 없습니다. 아무리 뛰어난 한 사람의 눈과 귀도 백 사람의 눈과 귀를 능가할 수는 없으니까요. 아리스토텔레스가 다수의 정치를 옹호한 이유도 똑같습니다. 아리스토텔레스는 이렇게 말합니다. "다수는 비록 그중 한 명 한 명이 훌륭한 사람이 아니더라도 함께 모이면 개개인으로서가 아니라 전체로서 가장 훌륭한 소수보다 더 나을 수 있다."(『정치학』 3권 11장)* 아리스토텔레스에게는 한 사람의 기부로 성사된 잔치보다는 여럿이 함께 음식을 추렴해서 마련한 잔치가 좋은 정치의 본보기인 셈입니다.

이제 플라톤의 철인통치론을 향했던 질문이 아리스토텔레스의 폴리테이아 옹호론 쪽으로 방향을 바꿉니다. 설령 정

* 천병희 옮김, 『정치학』, 162쪽 참조.

치가 수학 문제 풀이보다 트로트 오디션에 가깝다고 가정한
다고 하더라도 대중의 집단지성을 항상 신뢰할 수 있을지가
문제이기 때문입니다. 히틀러 시대의 독일인들은 집단지성
의 주체였나요? 그렇다면 우리가 어떻게 대중의 집단지성을
신뢰할 수 있다는 말일까요? 집단지성은 항상 작동하는 것
일까요? 물론 아리스토텔레스도 집단지성이 항상 잘 작동한
다고는 생각하지는 않았습니다. 그는 대중들이 '들짐승처럼'
서로 물고 뜯으면서 사회를 분열시킬 위험성을 잘 알고 있
었습니다. 그래서 그는 대중의 집단지성을 옹호한 다음에 이
렇게 덧붙입니다.

> "그러나 모든 민중과 모든 대중의 경우에 이런 식으로 다수가
> 훌륭한 소수자를 능가할 수 있는지는 분명치 않다. 아마도 몇
> 몇 경우에는 분명히 그런 일이 불가능할 것이다. (……) 몇몇
> 대중은 짐승들과 대체 무엇이 다른가? 하지만 앞서 말한 것이
> 진실로 적용되는 대중도 있다."(『정치학』 3권 11장)•

아리스토텔레스는 대중의 지혜를 성급하게 배척하지도,
신뢰하지도 않습니다. '다수 대중의 정치가 잘못될 수도 있
지만 그렇다고 해서 대중의 집단지성을 완전히 무시해서도

• 천병희 옮김, 『정치학』, 163쪽 참조.

안 된다.'라는 것이 아리스토텔레스의 입장입니다. 그러니 아리스토텔레스의 관심은 어떻게 대중의 집단지성이 작동할 수 있는 정체를 만들 수 있을지에 쏠릴 수밖에 없겠죠. 대중의 집단지성, 집단적 지혜가 발휘될 수 있게 하는 조건에는 어떤 것이 있을까요? 이에 대한 대답이 바로 아리스토텔레스의 폴리테이아 옹호론입니다.

좋은 민주정을 위한 시민의 능력

아리스토텔레스에 따르면 좋은 민주정이 운영되기 위해 필요한 조건은 시민의 이성적 능력이 유지되는 겁니다. 시민이 타고난 로고스의 능력을 발휘하는 것이죠. 민주정에서 시민의 역할에 대해 아리스토텔레스는 『정치학』에서 이렇게 정의합니다. "완전한 의미의 시민은 다른 무엇보다 재판과 공직에 참여함으로써 정의된다."(『정치학』 3권 1장) ●

'재판'과 '공직'이라고 옮긴 그리스어는 'krisis'와 'archē'입니다. 여기서 우리는 보다 넓은 뜻에서 'krisis'의 의미에 주목할 필요가 있습니다. '크리시스'는 '나누다(krinein)'라는 동사에서 나온 말로 '판단', '구별', '결정' 등을 뜻합니다. 죄의

● 천병희 옮김, 「정치학」, 132쪽 참조.

유무를 판단하는 재판에서나 정책 결정을 위한 민회에서나 시민이 그 모든 종류의 '크리시스'에 참여해서 올바른 판단을 내리기 위해서는 능력이 필요합니다. '크리티컬(critical)'해야 한다는 말입니다. 그런 조건에서만 시민의 역할을 잘할 수 있을 테니까요. 시민에 대한 이런 정의는 모든 시민에게 입법, 사법, 행정에 참여할 수 있는 권한이 주어졌던 아테나이의 직접 민주정을 염두에 둔 것입니다. 하지만 시민의 역할과 능력에 대한 아리스토텔레스의 발언은 지금의 대의제 민주정에서도 타당합니다. 대의제 민주정에서도 모든 시민은 선거와 피선거권을 가지고 있습니다. 이를 행사하는 과정에서 정치적 결정을 내리고 간접적으로 통치 행위에 참여하기 때문이지요. 그렇게 보면 또 다른 질문이 등장합니다. 시민이 로고스의 능력을 발휘하면서 정치적 결정을 잘 내리기 위해서는 어떤 조건이 필요할까?

대답을 얻기 위해서 다시 숙고의 과정을 떠올려봅시다. 숙고 과정에서는 문제 해결을 위한 다양한 대안이 상정되고 그것들에 대한 비교와 검토가 이루어지는데, 이것이 바로 이성 능력의 실현 과정입니다. 9장에서 '숙고'에 대해 정의하면서 이미 말씀드렸던 내용이죠. 그런데 남의 말을 듣지 않는 사람이나 자기 의견을 말할 줄 모르는 사람은 시민적 숙고 과정에서 정상적인 역할을 할 수 없습니다. 어떤 사람들이 그럴까요? 선천적으로 숙고 능력이 약한 사람들이 그럴까요? 아리스토텔레스에 따르면 항상 지배하는 데 익숙한 사람과 항상 남의 지배를 받는 데 익숙한 사람들이 남의 말을 듣지 않고 자기 의견을 말할 줄 모릅니다. 그러니 이들의 손에 정치가 맡겨지면 지배하는 자와 지배받는 자의 정치로 타락할 수밖에 없겠지요. 시민이 공동의 결정에 참여하기 위해서는, 집단지성을 발휘하기 위해서는 그런 일방적 지배와 피지배의 관계를 벗어나 있어야 한다는 것이 아리스토텔레스의 주장입니다.

이를 위한 조건으로 아리스토텔레스는 튼튼한 중간층의 존재가 필요하다고 말합니다. 그 이유는 이렇습니다.

> "한쪽은 지배할 줄 모르고 노예처럼 지배받는 것만 알며 다른 한쪽은 어떤 종류의 지배도 받을 줄 모르면서 주인처럼 지배하는 것만 안다. 그래서 자유민의 나라가 아니라 노예들과 주인들의 나라가 생겨난다. (……) 나라는 가능한 한 대등하고 동질적인 사람들로 이루어지기를 원하는데, 이런 일은 대개 중간계층에 의해서 성취된다. 따라서 필연적으로 이런 나라가 가장 훌륭한 정체를 갖는다."(『정치학』4권 11장) ●

'폴리테이아'라고 불리는 혼합정체를 갖는 국가에서는 중간 계층이 중심이 되어야 한다는 얘기입니다. 아리스토텔레

●   천병희 옮김, 『정치학』, 231쪽 참조.

스가 여기서 옹호하는 중간 계층은 경제적 개념입니다. 지나치게 부유하지도 않고 지나치게 가난하지도 않은 사람들, 즉 지나치게 부유해서 항상 타인을 지배하려고 하지도 않고 지나치게 가난해서 늘 남의 말을 따라야 하는 위치에 있지도 않은 사람들을 말하죠. 당시 상황에서 보면 전쟁에 나갈 때 스스로 중무장을 갖출 만큼의 재력이 있는 사람들이 중간층이었습니다.

빈부의 차이가 갖는 위험성에 대해서는 플라톤도 『국가』에서 우려했습니다. 그런 나라는 '한 나라'가 아니라 '두 나라', 즉 "가난한 자들의 나라와 부자들의 나라"(『국가』 422e)로 갈라진다고 플라톤은 경고합니다. 하지만 그는 빈부의 차이 문제를 시민들의 정치적 역량 문제와 결부시켜 다루지 않았습니다. 정치 영역에서 시민들을 배제하는 것이 그의 관심사였으니까요. 반면에 시민들의 정치적 역량 문제를 중시하고 정치적 역량을 높이기 위해서 노력했던 소크라테스는 시민들의 경제적 조건에 대해서는 큰 관심을 두지 않았어요. 그는 시민들이 도덕적으로 각성을 해서 반성 능력을 갖추게 되면 시민들의 정치적인 역량도 늘어날 것으로 생각했던 것이죠.

이 점에서 아리스토텔레스는 플라톤과도, 소크라테스와도 다릅니다. 그의 발언들은 훨씬 더 깊이 있고 현실적입니다. 아리스토텔레스는 부의 분배와 시민적 역량 사이의 상관성에 주목했고 이를 정치의 주요 문제로 부각시켰기 때문이죠.

일견 아리스토텔레스의 주장은 당연하게 들립니다. '중간 계층일 때, 즉 타인의 지배를 일방적으로 받지도 않고 타인을 일방적으로 지배하지도 않는 상황에 있는 사람들이 자신의 의견을 낼 수도 있고 타인의 의견을 받아들일 수도 있다.' 당연한 이야기 아닌가요? 하지만 이 단순하고 당연한 이야기에 귀를 기울이지 않는 데 모든 정치의 위기가 있습니다. 민주주의의 상징 같은 미국의 의회가 폭도로 변한 시민들에게 점거당하는 시대에 되새겨야 할 단순한 진리입니다. 좋은 민주정에 대한 아리스토텔레스의 옹호론은 하나의 아이러니입니다. 그가 도시국가의 올바른 방향에 관해 이야기할 때 그리스의 도시국가들은 이미 해체 국면에 접어들어 있었으니까요. 그는 도시국가의 시대가 저물어갈 때 과거에 158개로 독립된 도시국가들의 정체들과 그것들의 변화 양상을 실증적으로 연구해서 그 사료를 바탕으로 『정치학』을 저술했습니다. 제가 여러분께 소개해 드린 폴리테이아에 대한 논의도 바로 그런 역사적 고찰로부터 나온 통찰이기에 현실적인 힘을 가질 수 있습니다. 머릿속의 상상이 아니라 경험에 대한 분석이기 때문이지요. 독일의 철학자 헤겔은 "지혜의 여신 미네르바의 올빼미는 황혼이 깃들 때 비로소 날기 시작한다."라고 말했습니다. 어떻게 보면 '아리스토텔레스의 『정치학』과 그 안에 담겨 있는 좋은 민주정에 대한 통찰은 미네르바의 올빼미가 아니었을까?' 하는 생각이 듭니다. 하지만 도시국가는 이미 사라졌어도 그 역사적 경험으로부터 아리스토텔레스가 이끌어낸 통찰은 현대 국가에서도 여전히 유효합니다. 그 통찰은 이런 말로 요약될 수 있습니다. '좋은 민주정은 시민적 역량 없이는 불가능하다. 시민적 역량은 경제적 평등 없이는 불가능하다.'

이야기를 마무리 짓겠습니다. 지금까지 우리는 『영원한 현재의 철학』이라는 제목 아래 소크라테스, 플라톤, 아리스토텔레스의 철학을 살펴보았습니다. 고대 그리스는 동·서양의 역사에 엄청난 유산을 남겼습니다. 민주정, 서사시와 비극 등을 포함한 문학과 예술, 건축과 조각 등 그리스 문명이 남긴 유산은 헤아리기 어려울 정도입니다. 하지만 고대 그리스가 남긴 유산 가운데는 영광과 희망의 기록뿐 아니라 혼란과 절망의 흔적도 많이 포함되어 있습니다. 소크라테스, 플라톤, 아리스토텔레스의 철학은 바로 영광된 유산의 어두운 그림자에 대한 성찰을 보여준다고 생각합니다. 그래서 인간 문명의 빛과 어둠이 공존하는 한 그들의 철학적 성찰은 언제나 유효하고 우리 시대의 어둠 속에서도 나은 삶을 위한 지혜를 이끌어낼 수 있습니다. 바로 그 점에 소크라테스, 플라톤, 아리스토텔레스 철학이 갖는 현재성이 있다고 생각합니다.

EBS 클래스ⓔ 시리즈 42

21세기의 삶을 위한 소크라테스, 플라톤, 아리스토텔레스의 지혜
영원한 현재의 철학

1판 1쇄 발행 | 2023년 12월 30일

지은이 | 조대호
펴낸이 | 김유열
편성센터장 | 김광호
지식콘텐츠부장 | 오정호
단행본출판팀 | **기획** 장효순, 최재진, 서정희 **마케팅** | 최은영
북매니저 | 윤정아, 이민애, 정지현, 경영선
책임 편집 | 장미 **디자인** | 오하라
인쇄 | 우진코니티

펴낸곳 | 한국교육방송공사(EBS)
출판신고 | 2001년 1월 8일 제2017-000193호
주소 | 경기도 고양시 일산동구 한류월드로 281
대표전화 | 1588-1580 **홈페이지** | www.ebs.co.kr
전자우편 | ebsbooks@ebs.co.kr

ISBN 978-89-547-8154-1 (04300)
        978-89-547-5388-3 (세트)